生き抜くための小笠原流礼法

心と体を強くする礼儀と作法

弓馬術礼法小笠原流　次期宗家
小笠原清基

方丈社

目次

はじめに 008

第一章 体の芯をつくる 015

生き抜くための作法① 基本姿勢 立つ 019

生き抜くための作法 ②
基本姿勢
座る
034

生き抜くための作法 ③
基本動作
座るー立つ
047

生き抜くための作法 ④
基本動作
椅子の腰かけ方、立ち方
056

生き抜くための作法 ⑤
基本動作
歩く
060

生き抜くための作法 ⑥
基本動作
膝行・膝退
064

生き抜くための作法⑦ 基本動作 廻り方・開き方・曲がり方 070

作法のことば 心に一張の弓をもつ 079

第二章 心の芯をつくる

第二章 心の芯をつくる 081

生き抜くための作法⑧ 立礼（立ってのお辞儀） 085

生き抜くための作法⑨ 座礼（座ってのお辞儀） 091

生き抜くための作法⑩ 行き逢いの礼、前通りの礼 096
生き抜くための作法⑪ 訪問の心得 104
作法のことば 残心 126

第三章 体を強くする

129
生き抜くための作法⑫ 物を持つ 132

生き抜くための作法⑬ ドアの開け方、閉め方 148
生き抜くための作法⑭ 引き戸の開け方、閉め方 152
作法のことば 物に乗る心持ち、物に奪われる心持ち 168

第四章 心を強くする

171
生き抜くための作法⑮ 呼吸 175

生き抜くための作法⑯ 食事の心得 179

作法のことば 進退中度 197

おわりに 200

はじめに

２０１９年末に始まったとされる、新型コロナウイルス感染症の流行。日本では、明けて２０２０年１月からじわじわと感染が拡大しはじめました。そして、４月に緊急事態宣言発令、政府から「不要不急の外出は控えるように」とのお達しがあり、全国民が自粛生活を送ることとなりました。

職場や学校に行けない、商売ができない、このままでは生活が立ち行かない、自分もいつ感染するかわからない……と、さまざまなストレスや不安を感じ、心のバランスを崩している人が少なくないと聞きます。

しかし、私たちは生きていかなければなりません。

そこで助けとなるのが「小笠原流礼法」です。

礼法というと、マナーやエチケットのような、「礼儀作法の決まりごと」というイメージを持たれるかもしれませんが、実はそうではありません。小笠原流礼法とは、人と人との間をスムーズにするもの、無駄な敵をつくらず、自分らしくのびのびと生きていくためのもの。自分を守るための術、と言ってもいいでしょう。

小笠原礼法は、代々の将軍家へ指南された礼法・弓術・弓馬術（流鏑馬など）の伝統のすべてである「小笠原流」の一部で、過去850年以上にわたり、一子相伝で伝承されてきました。したがって、武家の礼法が基となっています。

なぜ今、小笠原流礼法なのか

自己紹介が遅くなりました。私は、弓馬術礼法小笠原流次期宗家・小笠原清基と申します。31世宗家小笠原清忠の長男として生まれ、3歳から稽古を始め、5歳から小笠原流の諸行事に関わってきました。「三つ子の魂百までも」と言われるとおり、私の体にも心にも礼法が刷り込まれているのだと思います。

そんな私は、このコロナ禍においても以前と何ら変わりなく、日々を淡々と過ごしています。もちろん、一日も早く感染拡大が終息することを願っていますが、新型コロナウイルスに有効な手立てが見つかるまでは、現状を受け入れ、その環境に合わせていくしかない。そう考えているので、不安に陥ったりストレスを抱えることがないのです。これは私に限ったことかと思いきや、門人たちにも、何ら動揺している様子は見受けられません。その理由はおそらく、私たちが常日頃、礼法を身につけるべく稽古に励んでいるからでしょう。

礼法は、「正しい姿勢の自覚」「筋肉のはたらき、身体の機能に反しない動き」「物の機能を大切にする動き」「環境や相手に対する自分の位置に配慮した動き」を日常の立ち居振る舞いに表す技を教えるものです。そして、いずれの技も、「なぜ、こうするのか」という裏付けの理論を大切にしています。

礼法を通じて「なぜ、こうするのか?」を考える習慣ができると、いつどんなことが起きても動じることなく、臨機応変に動けるようになります。

臨機応変とは、時や場所、相手によって対応を変えることですが、何事もマニュアル頼みになりがちな現代人には、これがなかなかむずかしい。ビジネスの現場でも、「言われたことしかできない」「自分で考え、動ける人が少ない」という声をよく耳にします。

物事が想定通りに運んでいる時は、マニュアルはとても有効です。しかし、生きていれば、いつ、どんなことが起こるかわかりません。だからこそ、臨機応変に動けることが重要なのです。

今回のコロナ禍も、まさに想定外の出来事です。環境が激変し、生活スタイルも大きく変わってしまいましたが、それに対応するマニュアルがありません。それゆえ、多くの人が戸惑い、迷い、大きな不安に襲われているのでしょう。

と考えると、いつ感染拡大が終息するのか未だ先が見えないこの状況において、不安やストレスから解放されるには、臨機応変に動く習慣を身につける必要があります。そこで役に立つのが、礼法なのです。

何があっても「動じない心」が手に入る

また、小笠原家は鎌倉時代より代々の将軍の指南役を務めてきたため、礼法のベースにあるのも「将軍たるもの、いかにあるべきか」という思想です。

人の上に立つ将軍には、つねに冷静であることと適切な判断が求められます。一時の感情に流されることなく、何があっても当たり前のことを同じようにできなければなりません。したがって、礼法一つひとつは、ごく当たり前のことばかりです。

当たり前のことをいつも同じようにやり続けるのは、容易なことではありません。慣れてくれば手抜きをしたくなりますし、心が乱されることがあれば姿勢や動作も乱れます。だからこそ、「いつもと同じように」できるように意識をし、気持ちを引き締めて稽古を重ねる。そうすることによって、何があっても動じることのない精神力が鍛えられるのです。

日常の動作が筋トレになり、運動不足も解消

もう一つ、礼法が今に役立つものだと私が考える理由に、いずれの礼法も日常生活の中の単純な動作ながら、正しく行おうとすれば全身の筋肉が鍛えられる、ということがあります。

長引く自粛生活、テレワークなどによって運動不足になり、いわゆる「コロナ太り」をした人も少なくないと聞いています。報道によれば、60％近くの人がコロナ禍以前よりも体重が増えたという調査結果もあり、多くの人が生活習慣病になりやすい状態に陥っているといいます。

生活習慣病を患っていると、新型コロナウイルスに感染した際に重症化するリスクが高いと言われていますから、努めて体を動かし、筋肉をつけて、太りにくくやせやすい体をつくることが大切でしょう。その意味でも、礼法を身につけるメリットは大きいと思います。

たとえば、「立ち上がる」という当たり前の動作にしても、礼法に則ってそれを行うだけで、あえて運動をしなくても体幹や尻、太ももや内ももなど、体を動かすために重要な筋肉を鍛えることができます。それでいて、前述のとおり「筋肉のはたらき、身体の機能に反しない動き」ですから、筋肉や関節、腱などを痛めることもないのです。

未だ先の見えないこの世の中を生き抜くためには、自分で考える力、何があっても動じることなく臨機応変に動ける心、そして健やかで強い体を手に入れる必要があるでしょう。小笠原流礼法が、その助けになれば幸いです。

第一章

体の芯をつくる

ブレない心は
ブレない体に宿る

「心と体はつながっている」とは、よく言われることです。小笠原流の基本となっている『体用論』と『修身論』でも、「心」と「体」の両面が大切としています。どんな心でも形（体）に表れますし、形（体）は心に影響するからです。

この世を生き抜くためには、ストレスや不安に負けず、何事にも動じないよう、心を強く持つことが必要でしょう。ただ、心を強く持とうと思っても、実際にはなかなかむずかしいもの。「体は心に影響する」のですから、先に体を強くするというのも一つの方法です。

まずは、体の「芯」をつくりましょう。

体の芯をつくる際に大きなポイントとなるのは、体幹。体幹とは、深層筋（インナーマッスル）のことです。深層筋にはいくつかありますが、その要は、腰眼（第5腰椎の腰椎の左右のあたり、P23参照）から腿の付け根に及び、上体と下肢をつないでいる「大腰筋」。小笠原流の弓術、弓馬術、礼法ではとくに大腰筋を重視していますが、そのほかの武道を行う人たちも動作の要として使っていますし、そのほかあらゆるトップアスリートやトップダンサー、能楽師の方々も意識して鍛えている筋肉のようです。

この大腰筋がしっかりと鍛えられ、力が入るようになれば自ずと腹が締り、腰も入って脊柱を支え、体全体が力学的に安定します。まさに、「芯」がしっかりしている状態、ということになります。

深層筋は文字通り体の深い部分にあるため、普段は意識されず触れることもできず、鍛えるのは容易なことではありません。しかし、これまで意識されなかったからこそ、意識を向けて動かす時間を持つと変化が顕著で、日に日にブレない体になっていることを実感できるでしょう。

小笠原流礼法では、「立つ」「座る」「歩く」といった、日常の姿勢や動作を正しく行うことを基本としています。これらは、ごく当たり前のこととして、その姿勢や動き方が正しいか、そうではないかを意識している人は多くないようですが、体の芯をつくる上では非常に重要です。正しい姿勢に伴う正しい動きはどうすればよいのかを日々稽古し、習得することで体幹がしっかりしてくるのです。

この章でご紹介する礼法は、いずれも基本中の基本ですが、いざ稽古を始めると大変疲れます。慣れないうちは、非常にきついと感じるでしょう。しかし、そうした稽古を日々続けることで、体の芯ができてくるだけでなく、心にもしっかりとした芯ができてくるのです。

体の深部の腰から下肢へ伸びる筋肉。ここを鍛え、動かすことで体の芯がつくられる。

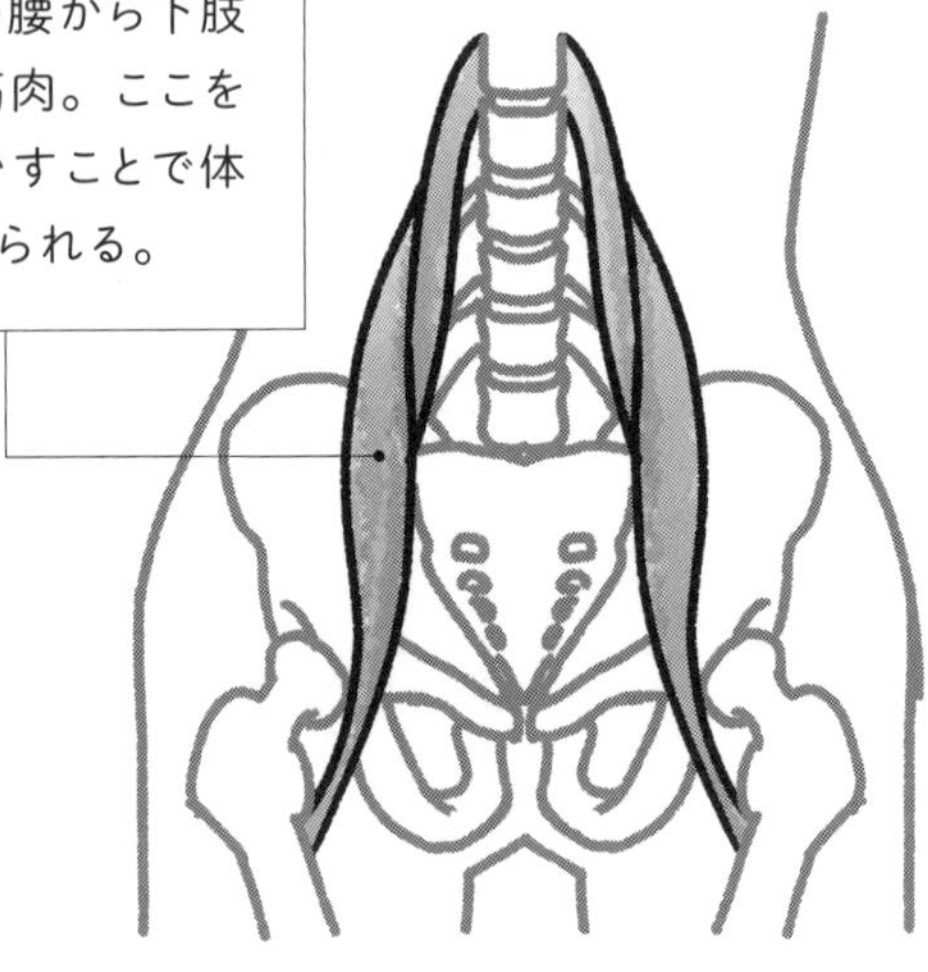

生き抜くための作法 ①

基本姿勢

立つ

小笠原流礼法の基本中の基本であり、すべての動作の始まりとなる姿勢です。立ち姿は、その人の第一印象を決めるもの。少々自信がなくても、立ち姿が正しければ一目置かれるでしょう。ポイントは、無駄のない姿勢であることと、つねに「中心」を意識することです。

目指すは、堂々とした自然体 脊柱のS字ラインを意識する

人は、第一印象が大切だと言われますが、立ち姿がそれを大きく左右します。目上の人はもちろん、同僚や後輩と相対するにしても、横柄に見えたり貧相に見えたりしては損。極度に緊張していたり不健康だと見られるのも避けたいものです。また、むずかしい交渉や商談、相手にとって都合の悪い話を控えている場合は、会った瞬間にこちらの意図することを気取られてはいけません。

小笠原流礼法が目指すのは、一見して平らかな心情が伝わるような、気高い姿。リラックスしていながらも、堂々としている自然体が、相手に対して失礼でなく、なおかつ相手から下に見られることがない立ち姿ということになります。

自然体とは、骨格的に無理がない姿勢です。人間の骨格の中心には、脊柱（背骨）という軸が通っています。この軸が、本来あるべき自然な状態を保っているのが、最も無理のない姿勢なのです。

2本の足で歩く人間の体は、脳が詰まった重たい頭を首と脊柱で支え、脊柱を腰（骨盤）で

支えるという構造になっています。脊柱は、まっすぐではなく、ゆるやかなS字カーブを描いているのが、自然な状態。この構造は、体が脳の指令どおりに動くための絶対条件でもあります。

反り腰になった猫背になったりしてS字カーブが崩れると、脊柱の脇を通る神経経路のどこかが圧迫されて呼吸が十分にできなかったり、内臓の位置が狂ったり、腰や膝に負担がかかり、痛みが生じます。さらには、脳のはたらきが低下し、仕事のパフォーマンスにも影響します。

立つ姿勢は、すべての動作の始まりですから、次の動きへスムーズに移れる状態でいなければなりません。そのためには、両足を平行に踏み、重心（体重をかける点）を土ふまずの前部あたりに位置するようにして、体重を両足に均等にかけます。これが、骨格を崩さず、いつでも動き出せる、正しい立ち方です。

両足のかかとをつけ、つま先を開いてハの字にして立つ人が多いのですが、これでは重心がかかとに乗り、体が後ろに反ってしまうため、俊敏に動き出せません。また、利き足に体重を乗せて立つクセがついている人もありますが、これでは骨格がゆがみ、腰痛や股関節痛を招いてしまいます。

良い姿勢

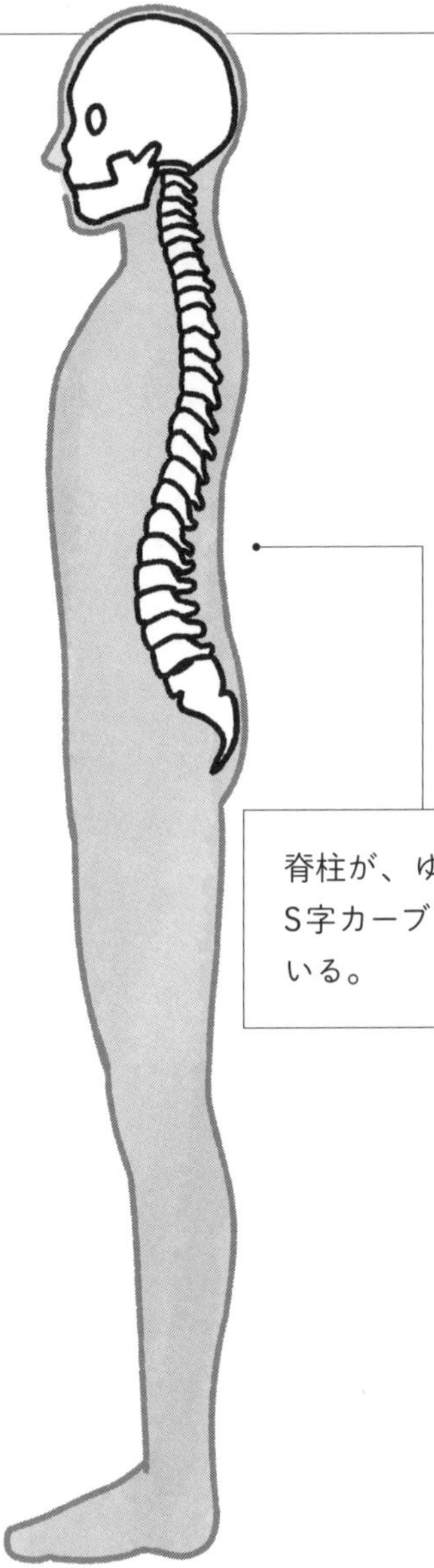

脊柱が、ゆるやかなS字カーブを描いている。

腰眼

ウエストのやや下、
少々くぼんでいるところ（体格や男女によって差はあり）。

立ちかたの基本（正面から見たところ）

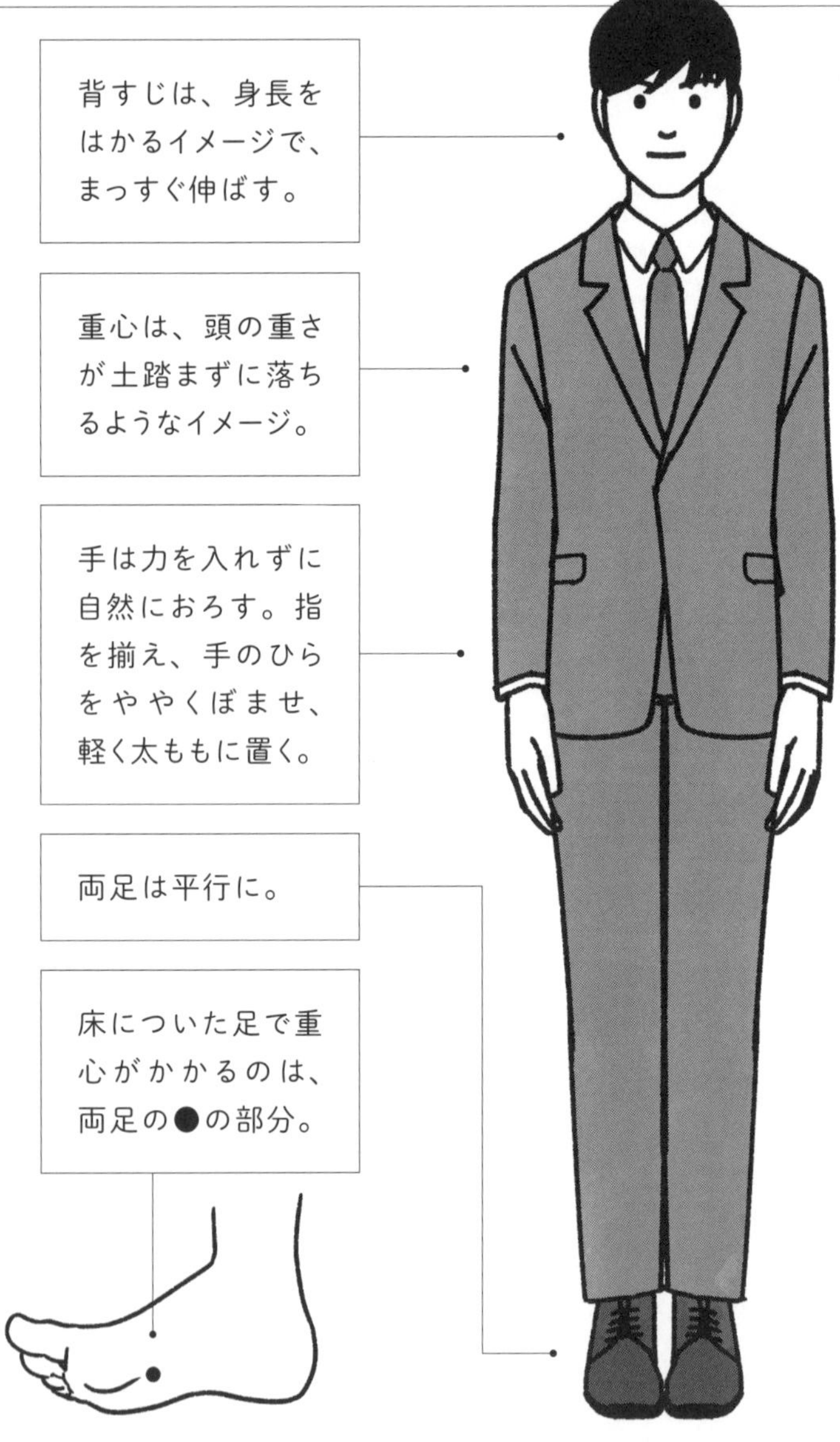

背すじは、身長をはかるイメージで、まっすぐ伸ばす。

重心は、頭の重さが土踏まずに落ちるようなイメージ。

手は力を入れずに自然におろす。指を揃え、手のひらをややくぼませ、軽く太ももに置く。

両足は平行に。

床についた足で重心がかかるのは、両足の●の部分。

手と首の位置を再確認し、指先に意識を向ける

立つ姿勢では、手や首にも注意を向けましょう。

学校などでは「手は横、中指はズボンの縫い目にそわせる」と習ったかもしれませんが、実は、それでは不自然な姿勢になってしまいます。立つ姿勢における正しい手の位置は、骨盤で脊柱を支えて立ち、手をぶらぶらさせて自然に止まるところです。すると、手は横ではなく、少し前であることがわかるでしょう。

指先は揃え、手のひらは、水をすくって顔を洗うときのように、ややくぼませるようにすると手元が美しく見えます。そして、指先に意識を向け続けましょう。指先という、体の末端にまで意識を持つことで、立つ姿にほどよい緊張感が生まれます。

ちなみに、手を前に組んで立つ姿が正しいとする考え方もあるようですが、小笠原流ではそれを良しとはしていません。上半身のうち、脳からもっとも遠い手を組むという行為は、不安から逃れようとする心の表われです。その結果、緊張感や集中力をなくしてしまうのです。

また、手を前で組むと肩が前に入ります。それは、骨格の構造上、かなり無理な姿勢を強

立ちかたの基本（横から見たところ）

頭が前に出てうつむいたり、あごが上を向いたりしないように。口は軽く閉じる。

視線は前に。キョロキョロ動かさない。

下腹を突き出さない。おへその下あたりを意識しながら呼吸を整える。

指を揃え、手のひらをややくぼませるようにして、手元をきれいに見せる。

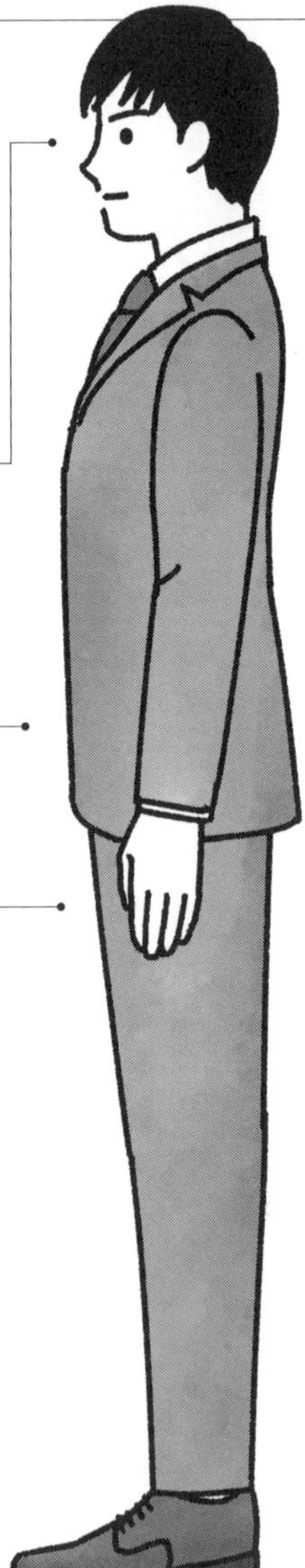

いることになり、体のゆがみのもとになりかねません。

首は、耳たぶの延長線にちょうど肩がくるのが正しい位置です。パソコンやスマートフォンを操作する時間が長くなると、どうしても耳たぶの延長線が肩より前に落ちてしまいます。その姿勢がクセになると、肩こりや頭痛、ストレートネックを招くことに。とくにテレワーク中の人は、休憩時間などを利用して首が正しい位置にあるか、チェックするといいでしょう。

腹に気持ちを置き、体の中心に意識を向ける

立つときは、内腿〜体幹の筋肉を使います。もっとも、これらの筋肉は意識的に使うことがなかなかできないので、気持ちを腹に置いて「ここが自分の中心である」という構えで立つといいでしょう。

普段、意識は頭や胸など上半身に向きがちですが、体を動かすときには腹に下ろすことが危険回避のためにも大切です。よけいなことを考えたり思ったりしていると、「隙《す》き」ができ、

ケガや事故のもととなるからです。

無意識に力が入っているとよいのが「丹田《たんでん》」です。左ページの図のように、腕を後ろに回して手のひらを腰眼《ようがん》に当て、体に添わせたままゆっくり前へ回してみてください。手のひらが通ってきた部分の体の奥、腰からへその奥、その下あたりが丹田です。丹田に少し力を込めて立ち、気持ちもここへ下ろすようにイメージします。

なお、「丹田に少し力を込めて立つ」ことを意識し続けていると、次第にお腹まわりが引き締まってきて、メタボ予防やダイエットにもつながるようです。門人の間でも「ウエストがサイズダウンした」という方が少なくありません。

内腿〜体幹を鍛えて立つ姿を完成させる

正しい立ち方が身につくまでは、まだ立つために必要な筋肉＝内腿〜体幹の筋肉が鍛えられていないために疲れが生じ、長い時間立っていることができません。

立ち方を正すうちに筋肉は鍛えられていきますが、おすすめのトレーニング法があります。

丹田の見つけかた

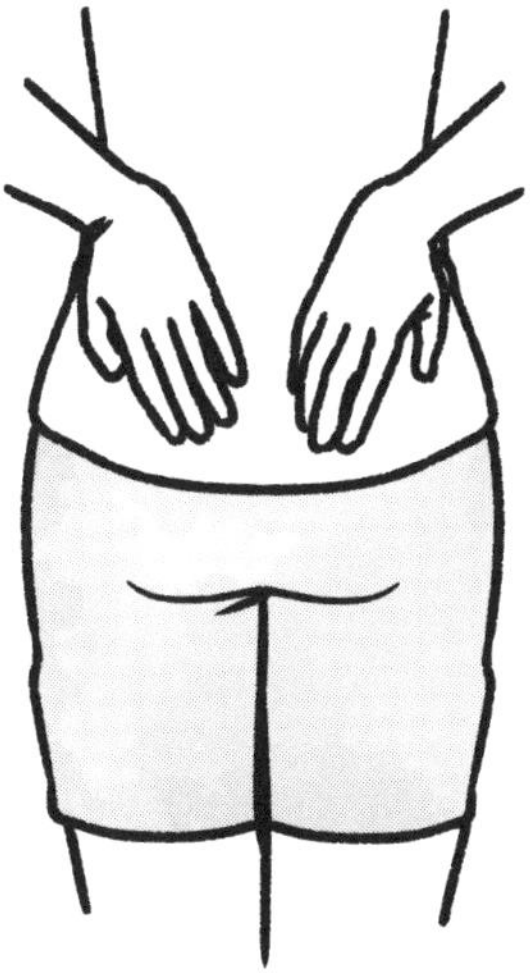

腕を後ろにまわして、手のひらを腰眼に当て、体に沿わせたままゆっくり前へ回す。手のひらが通る部分の体の奥に、力を込めて立つ。

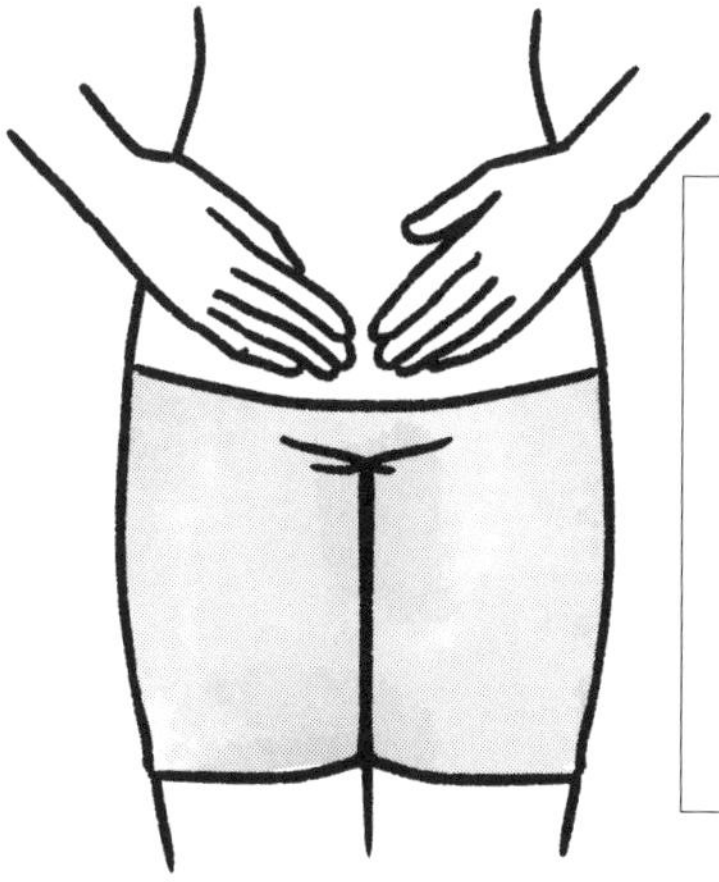

手のひらを前にまわしてくると、手のひらでへそを囲むように「V」字ができる。このV字の斜度に沿うよう斜め奥に力を込め、そこに意識をおろすイメージ。

太腿の内側を意識して使う運動です。この原理を利用した健康器具もあるようですが、器具がなくても十分、効果を得ることができます。

両足を肩幅程度に開いて立ち、左右の足は平行に踏みます。体の内側を意識しながら、「寄せよう」という気持ちで、足を揃える。これを、思い立ったときに数回行ってください。

ポイントは、足を揃えるときには内腿の筋肉だけで寄せること。絶対に膝を使わないようにします。そのためにも、畳の上で行うことをおすすめしますが、今は畳のない家庭も多いことでしょう。フローリングの上で行う場合は、スリッパを履き、少し滑りやすい状態で行い、無意識に膝を使ってしまうのを防ぎます。

もも～体幹を鍛える運動

両足を肩幅程度に
開いて立つ。足は
平行に踏む。

体の内側を意識し
「寄せよう」という気
持ちで足を揃える。

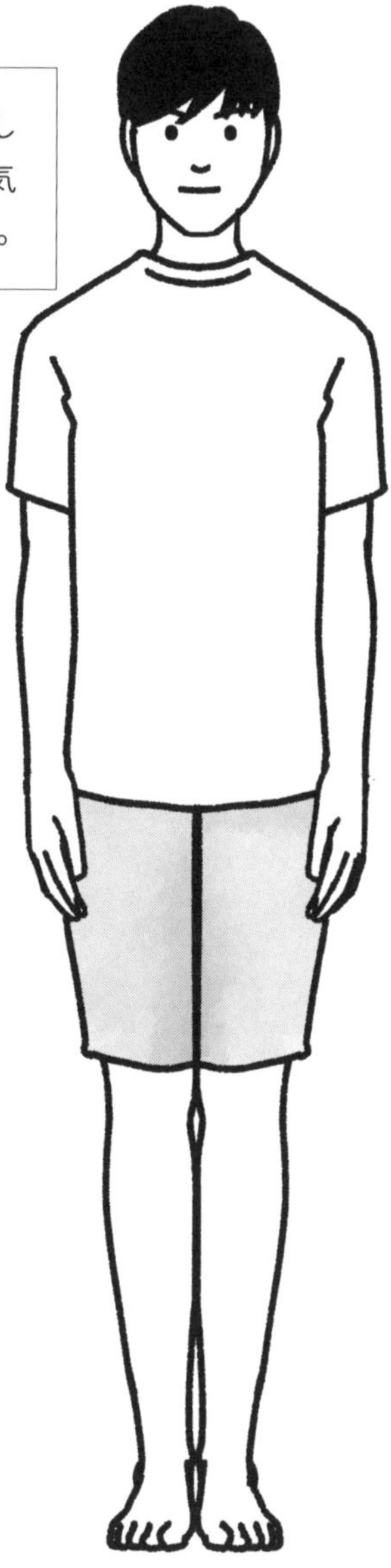

生き抜くための作法 ②

基本姿勢 座る

座ることは、「休む」こととは違います。立つ姿勢と同様に自信に満ち、礼節をわきまえた人間であることを周囲に示したいものです。正しく座ればば足がしびれにくいだけでなく、集中力や記憶力が高まります。

気を抜くことなく、どこから見ても凛としていることを意識する

「座る」の基本は、正座です。

生活スタイルの欧米化によって、日常生活の中で正座をする機会は激減しました。数少ない「正座をしなければならない」機会であった法事や料亭などでの会合なども、今の状況ではなかなかむずかしい。もはや、正座は必要ないのでは？　と思う人も少なくないでしょう。

だからこそ、いざというときに正座ができると一目置かれ、「きちんとした人」というイメージを周囲に与えます。逆に、足がしびれるからと座っている間じゅう、足をもぞもぞ動かしていることで上半身がぐらついたり、立とうとする時によろけたりするのは、非常に格好悪い。ぜひ、正座をマスターしてください。

かの伊達政宗公は、つねづね家臣たちに「この世に客に来たと思え」と教え諭したと言われます。武士たるもの、人目のあるなしに関係なく、気を張っていずまいを正さなければいけないということでしょう。とくに「座る」は休む姿勢だと勘違いされがちですが、立つ姿勢と同様に自信に満ち、礼節をわきまえた人間であることを周りに示したいものです。

かつて正式な座り方は、片方の足を反対側の足の腿に入れて座る「幡足座《はんそくざ》」でした。現在のように、両膝を揃えるスタイルになったのは、江戸時代からといわれ、その理由の一つとして畳の上で無理がなく、能率的に働ける座り方だからです。

正座は胡座や横座りなどよりずっと体に無理がなく、正しく座ると、しびれにくくなります。また、全身の血の巡りがよくなり、脳に血液や酸素がじゅうぶん行き渡るため、集中力が高まるはずです。

太腿が短く見えるように座る 重ねるのは親指だけ

上半身は「立つ」姿勢と同じです。脊柱に沿って肩を落とし、横から見たときには肩の中央に上腕がくるように。うなじをまっすぐにし、耳たぶの延長線に肩がくるようにします。

重心は、太腿の真ん中に落ちるイメージ。自分で自分の太腿を見たとき、太腿が短く見えるように腰から背すじをすっと伸ばして座るのがポイントです。

両脚膝を折り、尻を両足の踵の上に。足のつま先は、親指だけを重ねます。足全体を重ねると姿勢が崩れるので、気をつけてください。

男性は、膝を握りこぶし一つほど開いて座ります。ただし、開きすぎると行儀が悪く見えるので要注意。

手は、肘から下（前腕）と手のひらを静かに、太腿の上に置きます。手のひらには少しふくらみを持たせ、指を揃えましょう。腕は肘を張らず、かといってすぼめすぎないよう、上半身に自然に沿わせましょう。

正座を続けることで内腿の筋肉が鍛えられ、足首が柔軟になってケガや捻挫をしにくくなります。1日5分でも、あえて正座をして過ごすようにするといいでしょう。正しい姿勢をキープすれば、足がしびれにくくなります。続けることで30分、1時間と続けて座っていられ、徐々に楽になってくるはずです。

正座のしかた（正面から見たところ）

女性は膝頭を閉じ、男性は膝頭を握りこぶし一つ分開く。腰から背すじをまっすぐにして座る。両手は少しふくらみをもたせて指を揃え、太ももの上に自然に置く。

正座のしかた（後ろから見たところ）

踵《かかと》を開き、寝かせた足の上に尻を乗せる。
足の親指のみを重ねる。

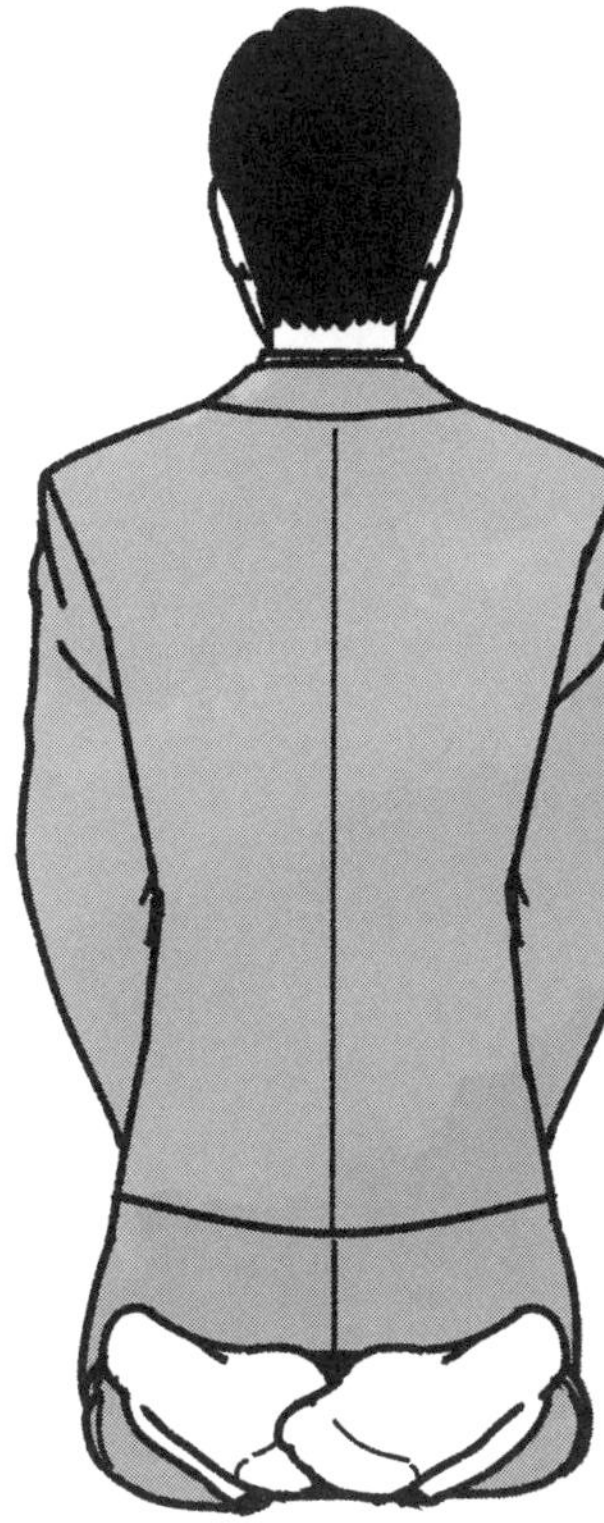

1ランク上の所作、「跪座《きざ》」をマスターして「立つ－座る」の流れを美しく

立つ姿勢から正座をするとき、正座から立ち上がるとき、あるいは室内で低い姿勢で物を動かす場合には、「跪座」の姿勢をとります。

跪座とは、足のつま先を立てて膝をつき、揃えたかかとの上に尻を乗せた姿勢のこと。

小笠原流礼法では、「跪座の自覚から美しい姿勢は始まる」と考えます。

跪座の姿勢では、踵と踵をつけることが重要なポイントです。そうすると、自然と背すじが伸びます。踵を開くとその間からお尻が下に落ちてしまい、背すじが伸びなくなってしまうのです。

後述する「椅子に座る姿勢」をとる場合でも、背すじを伸ばすことを意識するには、この跪座の姿勢が役に立ちます。

跪座ができると「立つ－座る」の動作の流れがスムーズになり、上半身がぶれてバランスを崩すことがありません。というのも、足の指をつま立てることで全筋肉が働き、曲げた指

がバネの働きをするからです。足首の角度が鋭角であるほどバネの力は強く、膝とつま先を床につけたまま、まっすぐに上体を上げ、すっと立ち上がる「即立ち」も可能です。

この姿勢ではアキレス腱が鍛えられ、脚が疲れにくくなります。さらに、正座をしていて万が一、足がしびれてしまったときでも、跪座の姿勢をとればしびれがおさまるので、マスターしておくと安心です。

簡単そうに見えますが、足首が硬いとなかなかむずかしく、足の指が曲がらない人も少なくないでしょう。その場合、まずは風呂の湯船の中で、「跪座－正座－跪座」を繰り返し行い、慣れてきたら部屋で繰り返し行ってください。跪座ができるようになるだけでなく、正しい「座る」姿勢をキープするための筋トレになります。

跪座の仕方

上体が前後に傾かないよう注意。両膝を揃えて
床につけ、つま先を曲げ、両足を立てて座る。

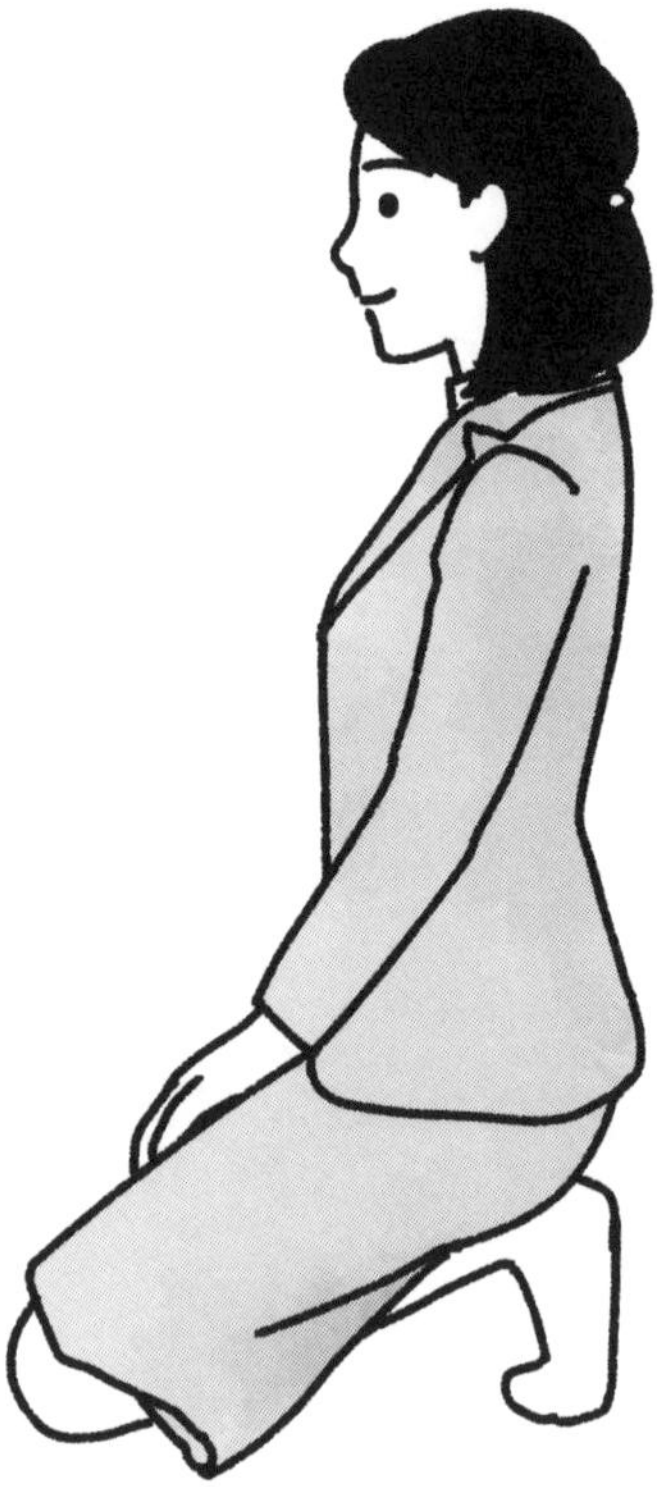

左右の踵をぴったり合わせ、その上に
尻を落ち着かせるようにする。

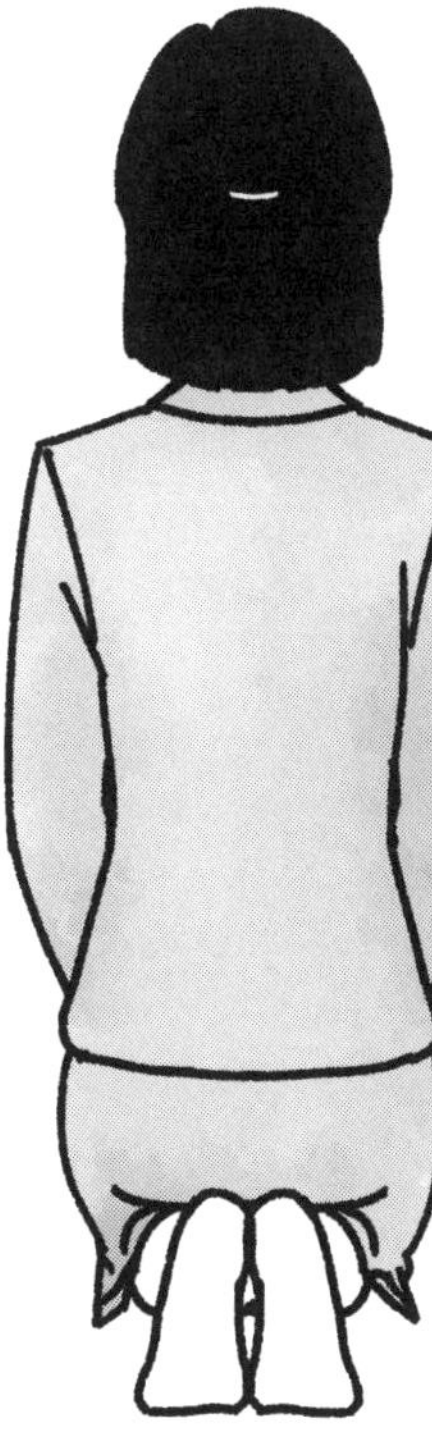

椅子には「浅く」座ると美しく、集中力もアップする

椅子に座るとき、とくに背もたれや肘かけがある場合は、それに体重を預けてだらけた姿勢になりがちなので、気をつけましょう。

テレワークでは、パソコンのモニター越しに会議や打ち合わせ、商談なども行われますが、相手のモニターに映るのはこちらの上半身、あるいは胸から上だけです。その限られた情報だけで、相手から信頼や信用を得なければなりません。したがって、「立つ」姿勢よりもいっそう緊張感が必要。あらためて、伊達政宗公の言葉を肝に銘じたいところです。

正しい椅子の座り方としては、上体の姿勢、手の位置、膝の位置は正座をする場合と同じですが、重要なのは椅子に「浅く」座ること。深く座って上半身を背もたれにつけると、姿勢が崩れて美しくないだけでなく、背骨がゆがみ、内臓も圧迫されて健康を害しかねません。楽をしているつもりでいても、骨格の構造にさからっているので、結局は体に無理を強いることになり、傷めてしまうのです。

パソコン操作などで長時間デスクワークをする場合は、どうしても前のめりになってしま

いますが、その姿勢が続くと自然と呼吸が浅くなり、それによって疲れが生じます。合間、合間に姿勢を正しましょう。骨格の構造に従った姿勢に戻せば、深い呼吸で酸素をたっぷり吸うことができ、集中力がアップして仕事の能率も上がります。

脚は、揃えること。膝やつま先が開いていたり、脚を組んだり、ぶらぶらさせるのもNG。目上の方に対して失礼ですし、だらしなく見えて自分の価値を下げてしまいます。「脚を組んだほうが楽」と思っている人もいるかもしれませんが、それもまた勘違い。体のゆがみのもととなります。ご注意ください。

椅子に座る姿勢

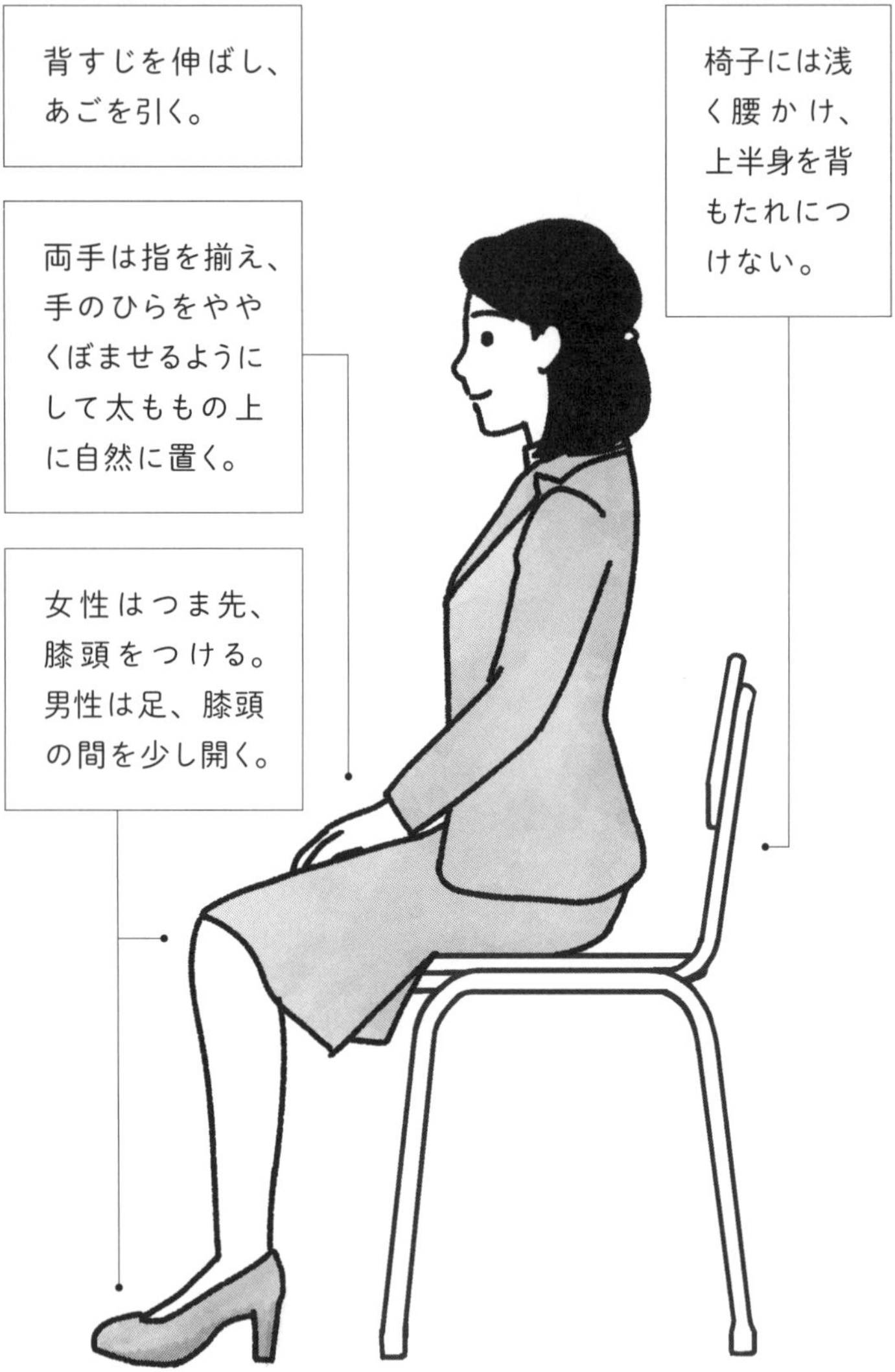

背すじを伸ばし、あごを引く。
両手は指を揃え、手のひらをややくぼませるようにして太ももの上に自然に置く。
女性はつま先、膝頭をつける。男性は足、膝頭の間を少し開く。
椅子には浅く腰かけ、上半身を背もたれにつけない。

生き抜くための作法 3

基本動作

座るー立つ

座った姿勢から立つ、立った姿勢から座るという、ごくごく当たり前の動作ですが、正しく行おうとすれば多くの筋肉や神経を使い、体を動かすために重要な筋肉を鍛えられます。あえて運動をしなくても、日常的に体の芯を強化できる、これぞ「和製スクワット」です。

上半身をフラフラさせず、静かな湖の中に石が沈んでいくように座る

立った姿勢から正座の姿勢に移るときは、息を吸いながら「静かな湖の中に石が沈んでいくような」イメージを持ち、上半身をまっすぐ下ろします。細い息で息を止めずに行うのがポイントです。

女性は、下座《しもざ》（部屋の出入り口に近いほう）の足を半歩前に出し、男子は上座《かみざ》（部屋の出入り口から遠いほう）の足を半歩引くと、バランスよくスマートに座ることができます。

小笠原流礼法では、この座り方を「下進上退《かしんじょうたい》」といい、とく上座の足を引くことは「上座を受けて行動する」という教えからきており、近くにいる相手の受ける印象を考えての行動です。また、女性が足を前に出すのは、着物の裾の乱れを防ぐためなのです。

上半身が沈み、膝の屈曲が深くなると太腿に重みを感じ、重心を崩してしまいそうになりますが、太腿でぐっとこらえましょう。太腿から体幹、尻の筋肉で上半身を支え、腰を中心に尻を締めるようにすると、バランスを保ちやすくなります。

上座の脚の膝が床についたら、その膝を腰で押すように進めます。膝が揃うと同時に踵に

尻をつけ、跪座の姿勢に。この間、太腿の付け根がつねに膝よりも高い位置にあるようにします。もし、膝のほうが太腿の付け根より高い位置にあるとしたら、それは腰が後ろに落ちてしまっている証拠で、見苦しく、スカート姿の女性の場合は、裾がはだけてしまうので要注意です。

跪座の姿勢から、片足ずつ足を寝かせ、正座をします。太腿と尻の筋肉を使って、息を吸いながらゆっくり行ってください。上半身は前後左右に揺れないように、つねに「よどみなく、美しく」を意識しましょう。

座り方

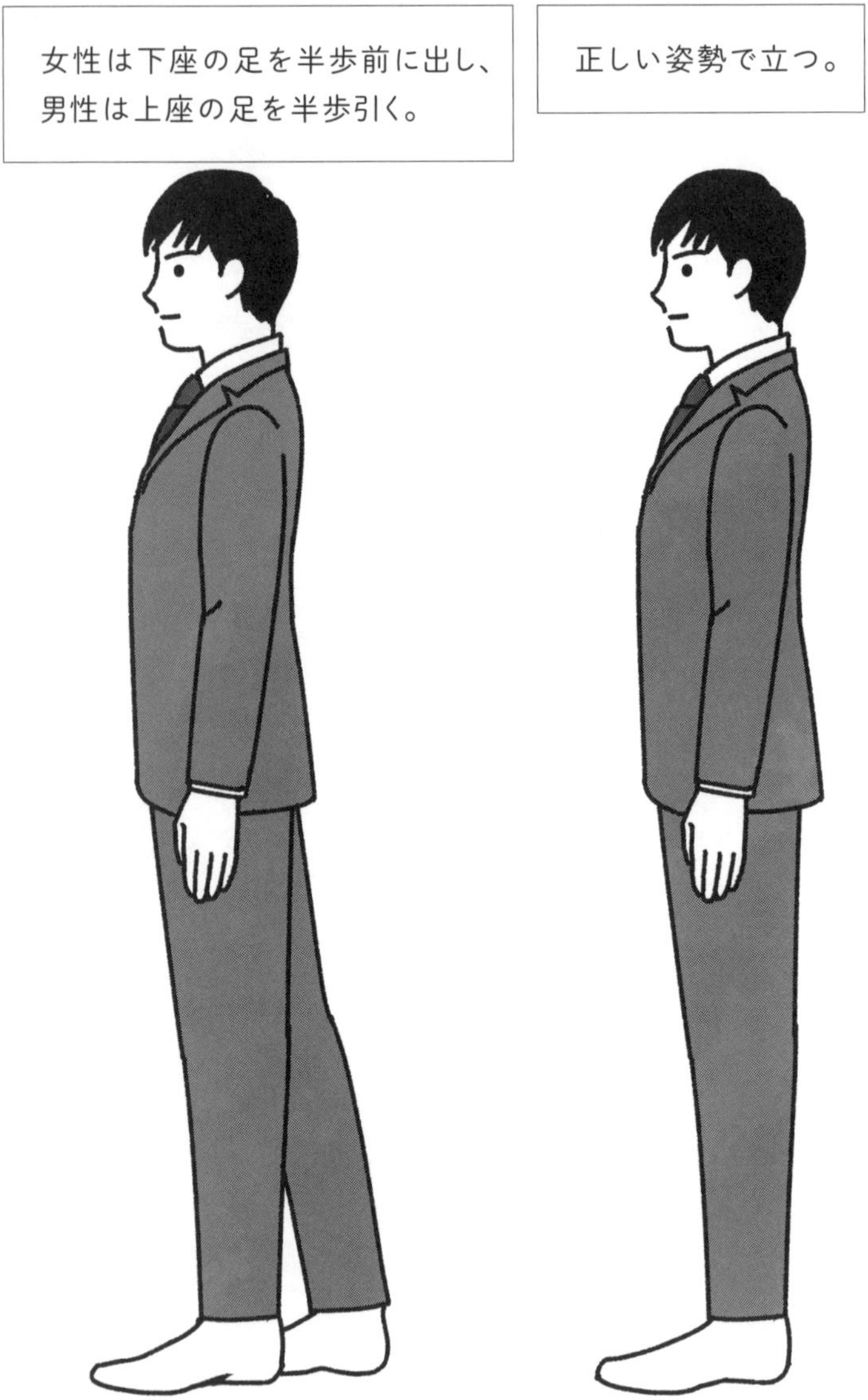

女性は下座の足を半歩前に出し、
男性は上座の足を半歩引く。
正しい姿勢で立つ。

両膝を揃えて跪座になり、足を片方ずつ寝かせるようにして正座になる。

上半身をそのまままっすぐにおろし、上座の足の膝が床についたら、その膝を腰で押すように進める。

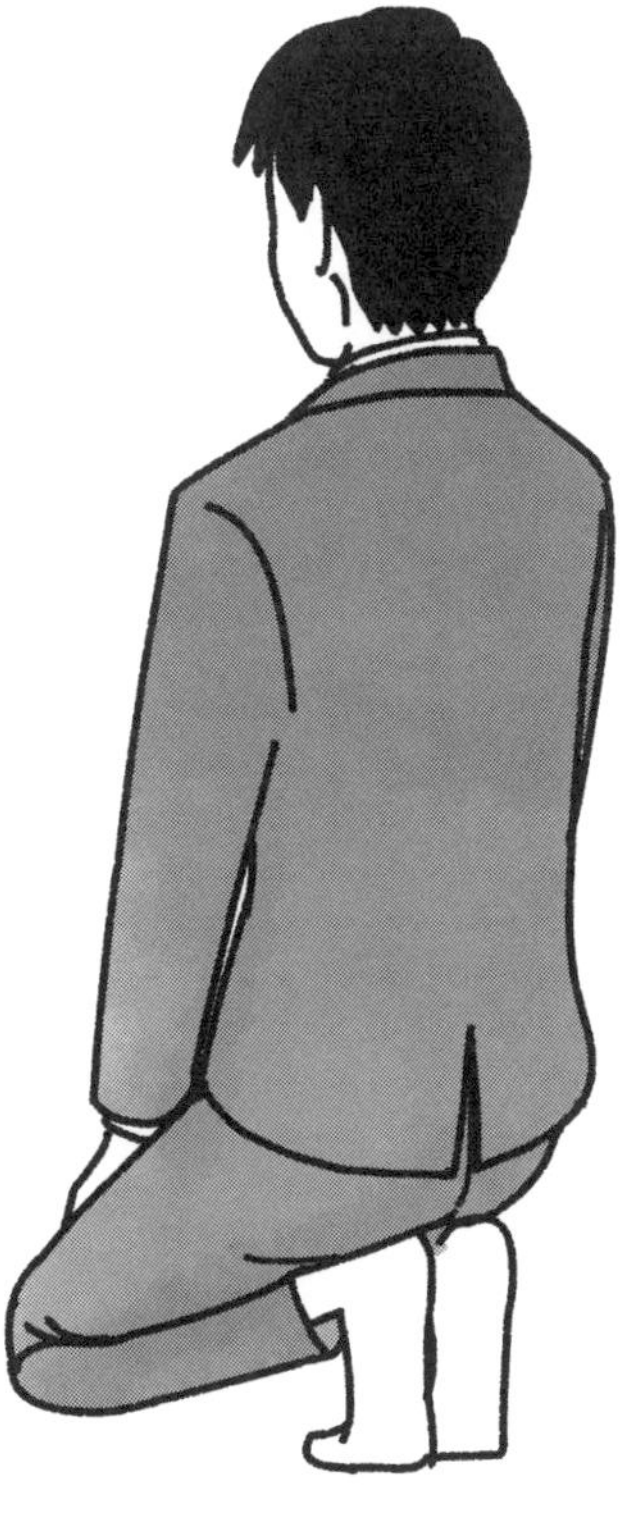

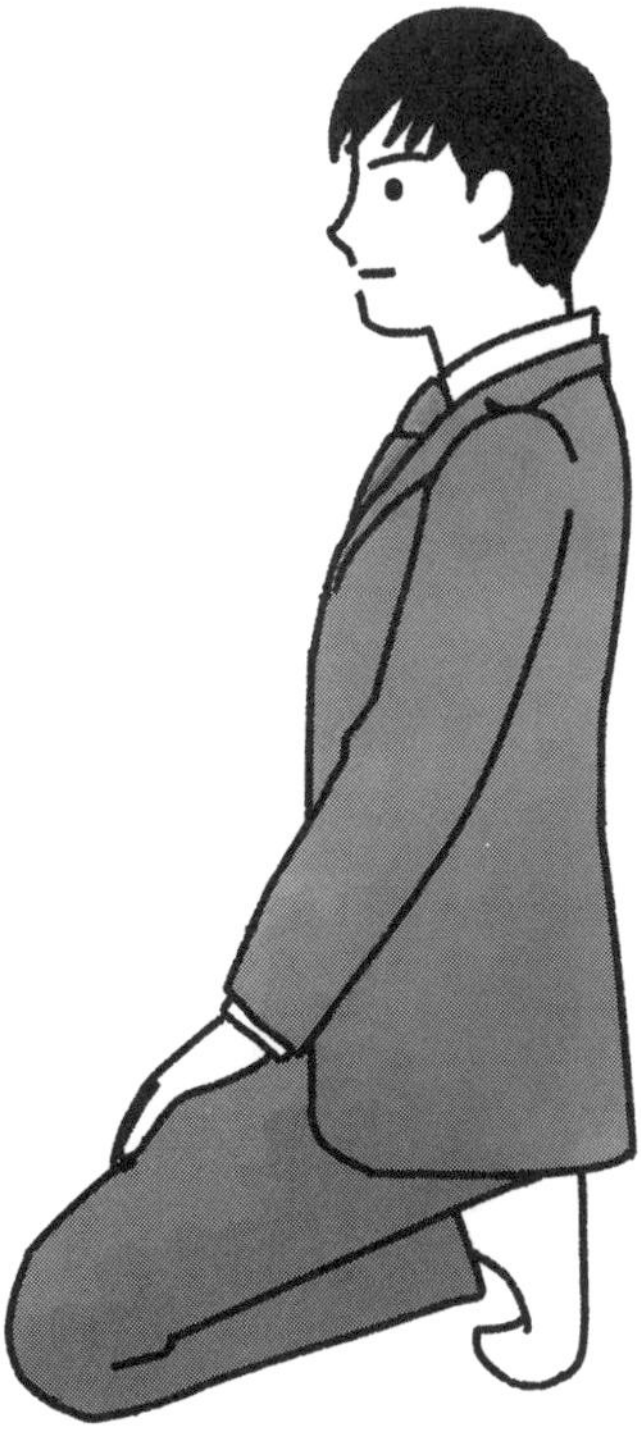

風のない日に、煙がひと筋、空へ立ち昇っていくように立つ

立つときは、「煙がひと筋、空へ立ち昇っていく」イメージです。

上体を揺らさないようにしながら跪座の姿勢になり、静かに呼吸をしながらゆっくり立っていきます。このとき、踏み出す足の指先が、反対の脚の膝より前に出ないように。足先が膝より前に出ると重心が踏み出した足に乗りやすくなり、姿勢が崩れるからです。天井から釣り上げられているイメージで、まっすぐ浮き上がりましょう。

上半身が浮いてくると自然に膝も伸びます。踏み出した脚の膝が完全に伸び切るまでに、後ろの足を前の足へと運び、揃えます。踏み出した足の踵が徐々に床についていくのにしたがって、後ろの足も近づき、両足が揃うのが理想です。

正座から立つ稽古は、習熟するに従って踏み出し方が狭くなり、最終的にはすくっと立つ「即立ち」に。逆もまた然りで、立つ姿勢から正座をする稽古を重ねると、「即座り」が可能になります。

即立ち、即座りともに非常にむずかしい技で、上半身を前後に揺らしてその反動で立つこ

とは厳禁。よろけたり、倒れたりといった粗相につながる恐れがあるからです。

「座る－立つ」の動作を真剣に繰り返すと汗をたくさんかき、太腿や体幹の筋肉が痛みます。スクワットと同様、これによって足腰、体幹の筋肉がしっかりしてくるのを実感することでしょう。

立ち方

正座から、跪座になる。

下座の足を前に出しながら腰を上げる。

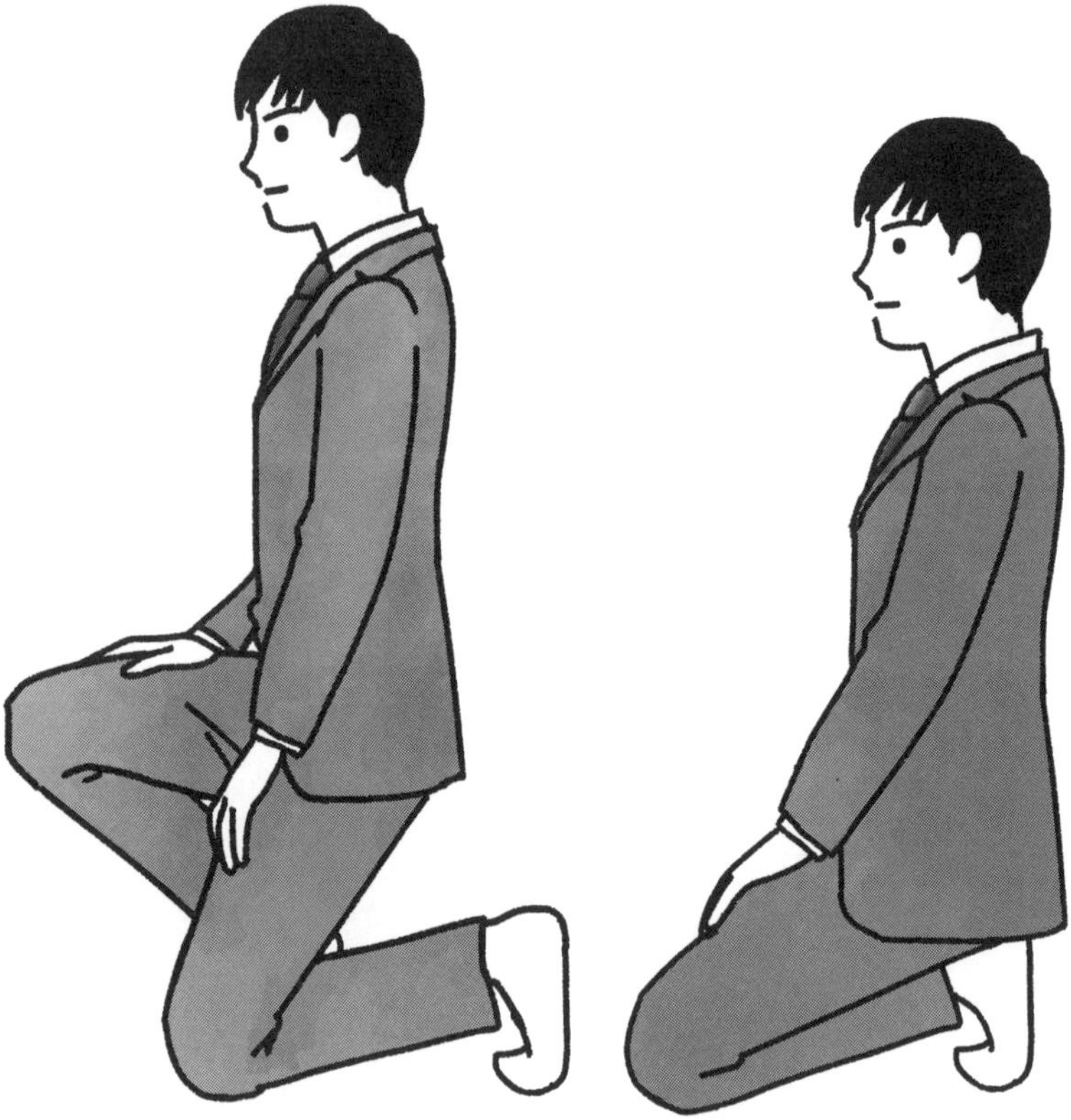

足を揃え、正しい
姿勢で立つ。

上体を揺らさないように立ち、脚が伸びきるまでに、後ろの足を前へ運ぶ。

生き抜くための作法 ④

基本動作

椅子の腰かけ方、立ち方

訪問先での「正しい椅子の腰かけ方」です。自分の家の中で椅子に座る場合は、どうぞご自由に。ただ、正しい椅子の腰かけ方の稽古を続けることで大腿筋と大・中殿筋が鍛えられ、美しい姿勢の基礎をつくることができるので、ぜひ、日常生活の中に取り入れてみてください。

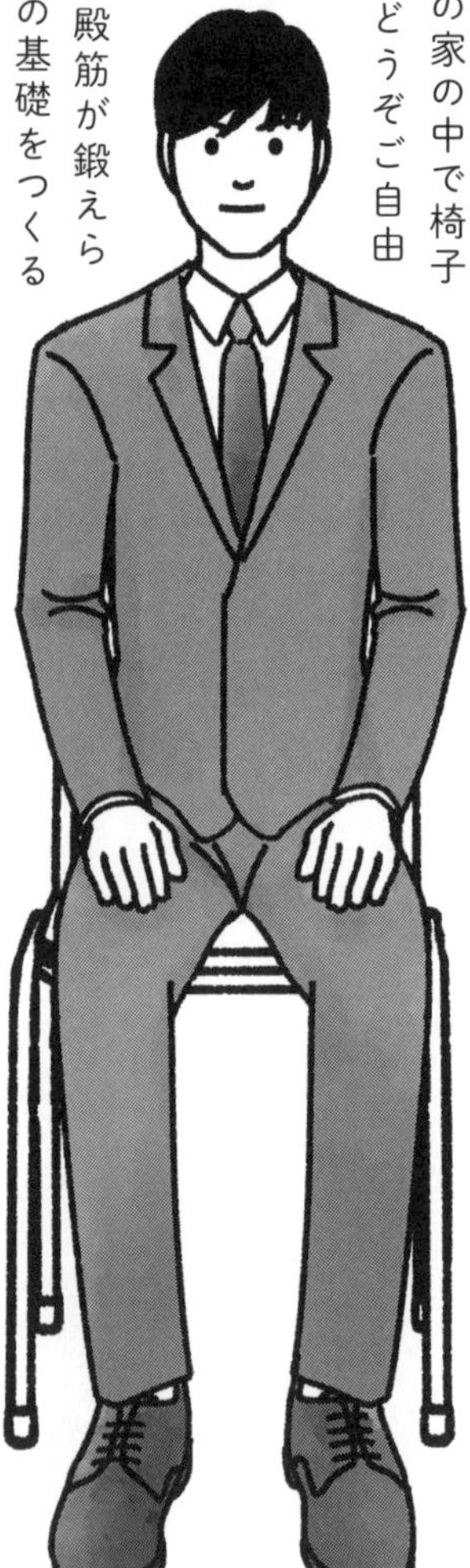

下座から腰かけるのが原則 太腿で座って、太腿で立つ

正しい椅子の腰かけ方としてはまず、「勧められてから腰かける」。これは、社会人としての常識です。加えて、小笠原流礼法においては、下座から腰かけるのが原則。椅子のどちら側が下座となるのか、確認しましょう。

椅子の下座側に立ったら一礼し、椅子から遠いほうの足（下座の足）を一歩前に出し、次に近いほうの足（上座の足）を出しながら横に移動し、足を揃えて椅子に腰を下ろします。回転する椅子の場合は、背もたれに手をかけながら同じ動作をとります。

このとき、上半身は背すじを伸ばし、なるべく前後に振らないようにします。膝に負担がかかってしまうからです。

膝ではなく太腿で座るようにし、椅子から立つときもなるべく太腿の力を使うようにしましょう。そして、腰かけるときも立つときも、足は必ず揃えること。足を揃えずに動作すると筋肉が働かないので筋肉が鍛えられませんし、所作としても美しくありません。

椅子に座る動作

椅子の下座側に立つ。

下座の足を前に出し、上座側の足も前に進めながら、横に開いて椅子の前に移動し、下座の前に揃える。椅子の背もたれに手をかけ、斜めに足を踏み出す座りかたもある。

上体が前後に動かないように、背すじをまっすぐ伸ばして静かに座る。

膝の後ろが椅子に接するくらいの位置に立ち、浅めに腰掛ける。

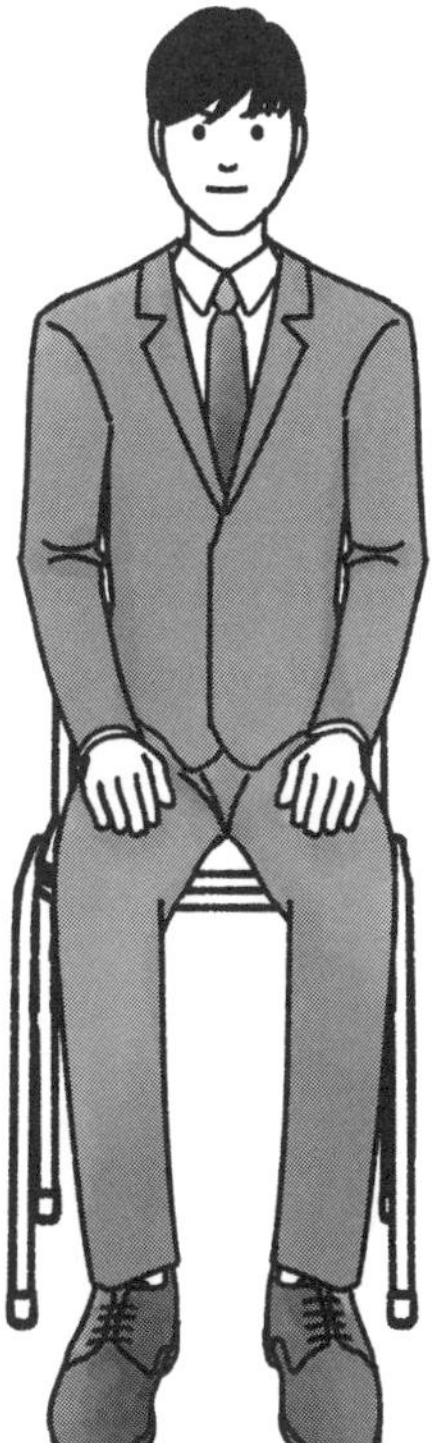

生き抜くための作法 ⑤

基本動作

歩く

教わる機会のないまま間違った歩き方をして、疲れやすくなっていたり、足腰を痛めている人が多く見受けられます。正しく歩けば全身運動となり、汗だくに。稽古を続けることで、健やかで強く、均整の取れた体が手に入ります。

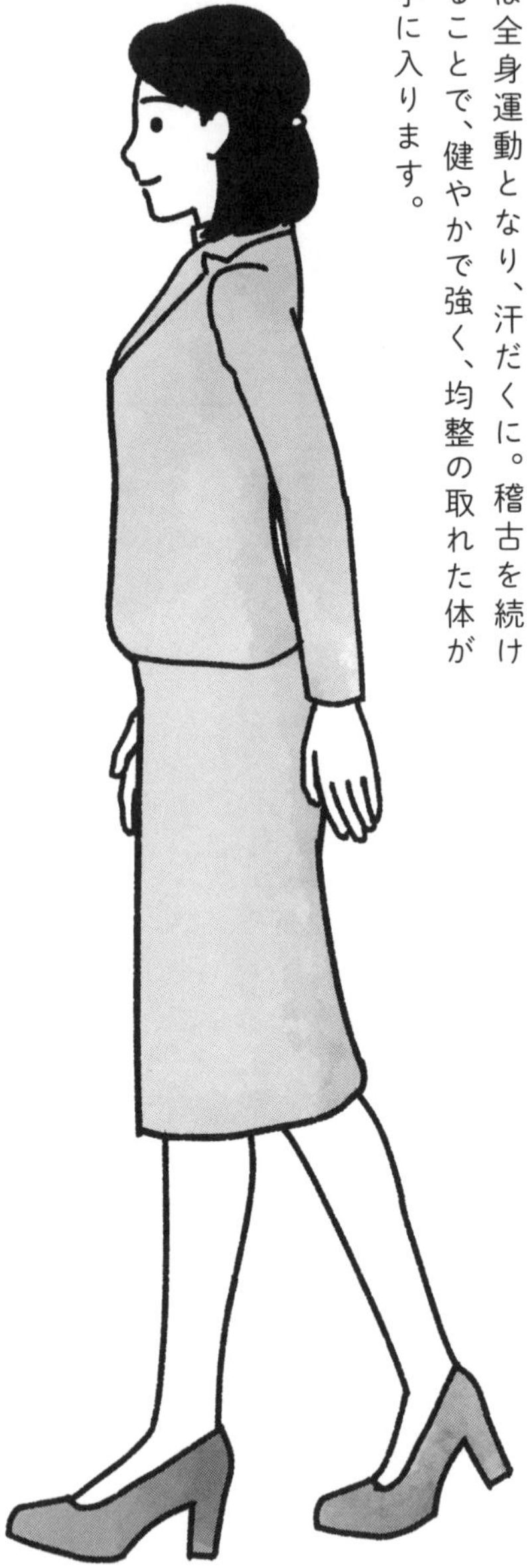

重心はつねに体の中央に太腿を使い、踵から着地

正しい歩き方は、正しい姿勢が基となります。上半身は「立つ」や「座る」の姿勢で、背すじを伸ばし、あごを引きます。重心は、つねに体の中央（前の足と後ろの足の中間）にあるように意識してください。

動きとしては、膝から下を蹴り出すようにして、その反動で前に出るのではなく、太腿を使って、膝から上で歩きます。

着地をするときは、踵から。踵を意識して、太腿を使って足を上げれば、雨の日に「泥はね」することはありません。逆に言えば、泥はねするのは間違った歩き方をしている証拠です。

歩くときのポイントは、「1本の線をはさむような」イメージで足を平行に出すこと。踵で線を踏むような、「ハの字」につま先が開いた歩き方は骨格の構造に反し、膝を痛めてしまいます。

歩幅は、左右同じに。小笠原流礼法では、男性の場合は2間（約3・6メートル）を7歩程度、

女性は9歩程度で歩くものとしています。もっとも、これは今より小柄な人が多かった時代にできた目安なので、体格がよくなった現在はこの限りではありません。

各々、適宜に調整してください。ただし、歩幅を大きくすると重心がズレやすいので、注意しましょう。

なお、呼吸と動作が一致していると、足の運びがスムーズになります。基本は、室内では吸う息で1歩、吐く息で1歩、屋外では吸う息で2歩、吐く息で2歩です。

歩きかた

視線は、室内では4〜5メートル先あたりを見て、室外ではほぼ水平に。

背すじを伸ばし、あごを引く。

正しい姿勢を保ちながら歩く。手は自然に軽く振る。

足を平行に動かし、1本の線を挟むように歩く。

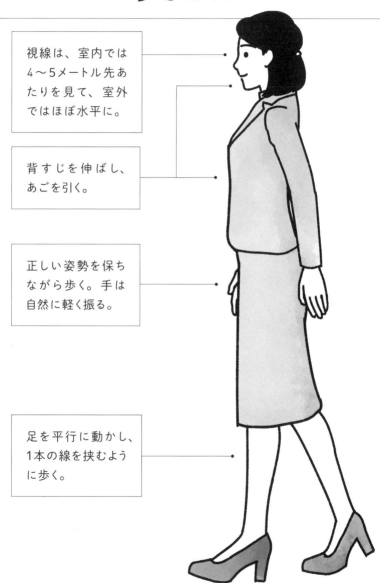

基本動作

膝《しっ》行《こう》・膝《しっ》退《たい》

「膝行」「膝退」とは、膝だけで前に進んだり後ろに退いたりすること。仏前や、座っている人の前で行う動作です。現代生活においては、膝行・膝退ともになかなか行う機会がないかもしれませんが、体得しておくと、いざというときにこまりませんし、足の筋肉を強化する、いいトレーニングになります。

シンプルな動作ながら、高難度マスターするまで、稽古あるのみ

膝行・膝退がなぜ必要なのかと言えば、座っている人の手前まで立って進むと、相手を見下ろす格好となり、失礼にあたるからです。

膝行は、正座から跪座の姿勢をとり、下座の足から交互に進め、膝退は上座の足から交互に退きます。尻が踵から浮かないことと、踵が開かないことが重要です。

世間では、正座をしたまま、両手の握りこぶしで畳や座布団を押さえながら、膝を滑らせて進退することもあるようですが、手は、足ではありません。手は手の機能を、足は足の機能を、ということを忘れないようにしましょう。

ここでは、座布団に座るときの膝行・膝退のやり方を紹介します。座布団は座るためのものですから、座布団の上に立って足の裏で踏みつけてはなりません。膝行・膝退で行うのです。

まず、座布団の下座側で挨拶をした後、座布団に着きます。太腿に両手を乗せて跪座となり、上座の膝を少し浮かせて下座の膝で押し、45度回って座布団に向き直ります。膝行で下

座の足から進み、座布団に乗り、座布団の中程で正面に向き直り、正座をします。

座布団から離れるときも跪座となり、まず下座側のつま先を座布団から下ろします。次に上座の足を下座の足より後ろに引き、下座の足を引いて揃えたら、回って座布団から下ります。

膝行・膝退は簡単そうに見えますが、足の筋肉の使い方が独特で、とてもむずかしい動作です。慣れないとなかなかできませんが、稽古を重ねれば必ず、できるようになります。

膝行・膝退

膝行は跪座の姿勢で下座の足から交互に進め、膝退は上座の足から交互に退く。このとき、尻が踵から浮かないこと、踵は開かないこと。手をつく場合は「折手礼」（P94）の要領で行う。

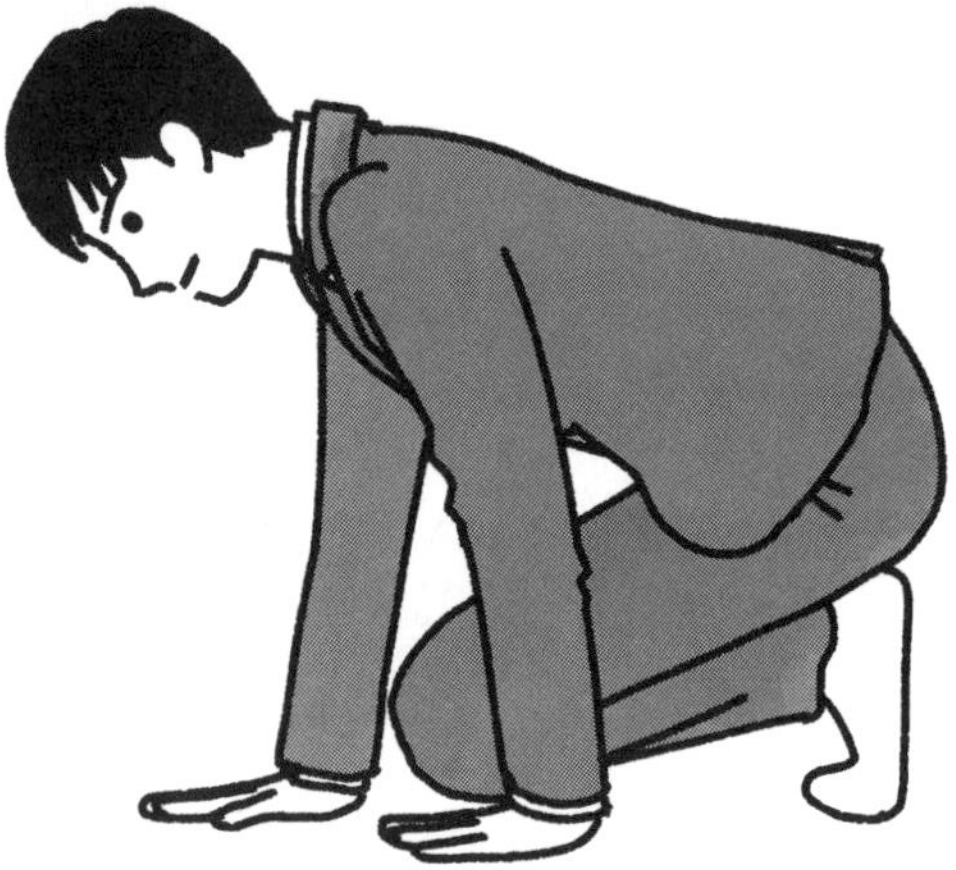

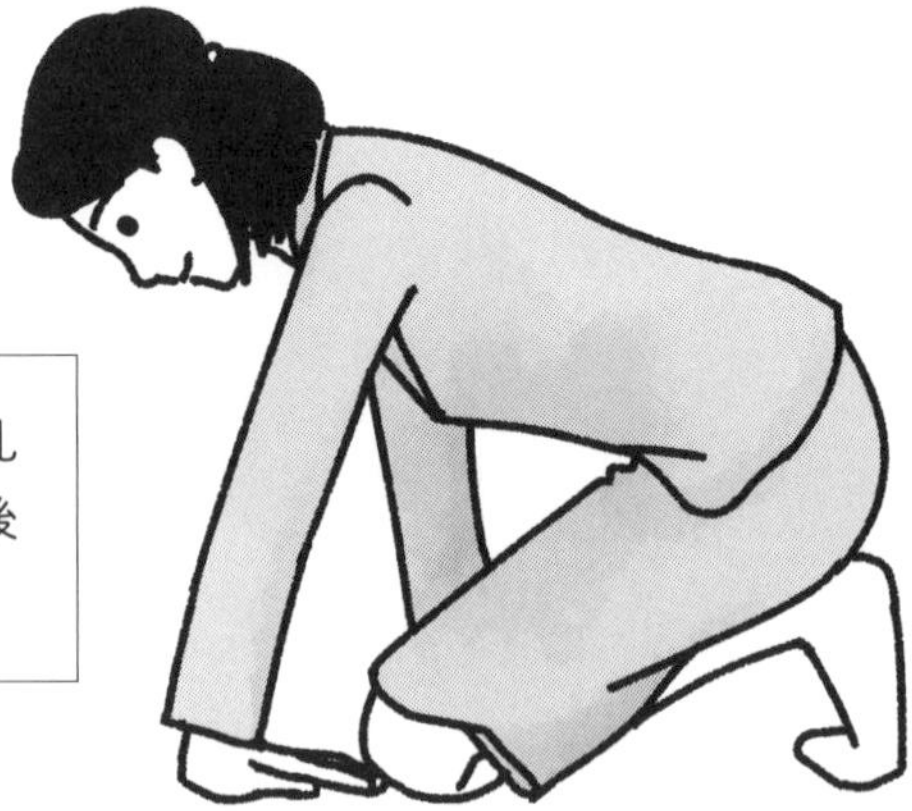

女性の折手礼は、指先を後ろに向ける。

男性には、大きく進み出る
膝行もある。

生き抜くための作法 ⑦

基本動作

廻《まわ》り方・開き方・曲がり方

立つ姿勢から方向転換する場合、足をかぶせて方向を変える「廻る」と、足を引いて方向を変える「開く」があります。歩いているときは、さらに「曲がる」。いずれも、一動作、一動作をはっきり行うことが大切です。

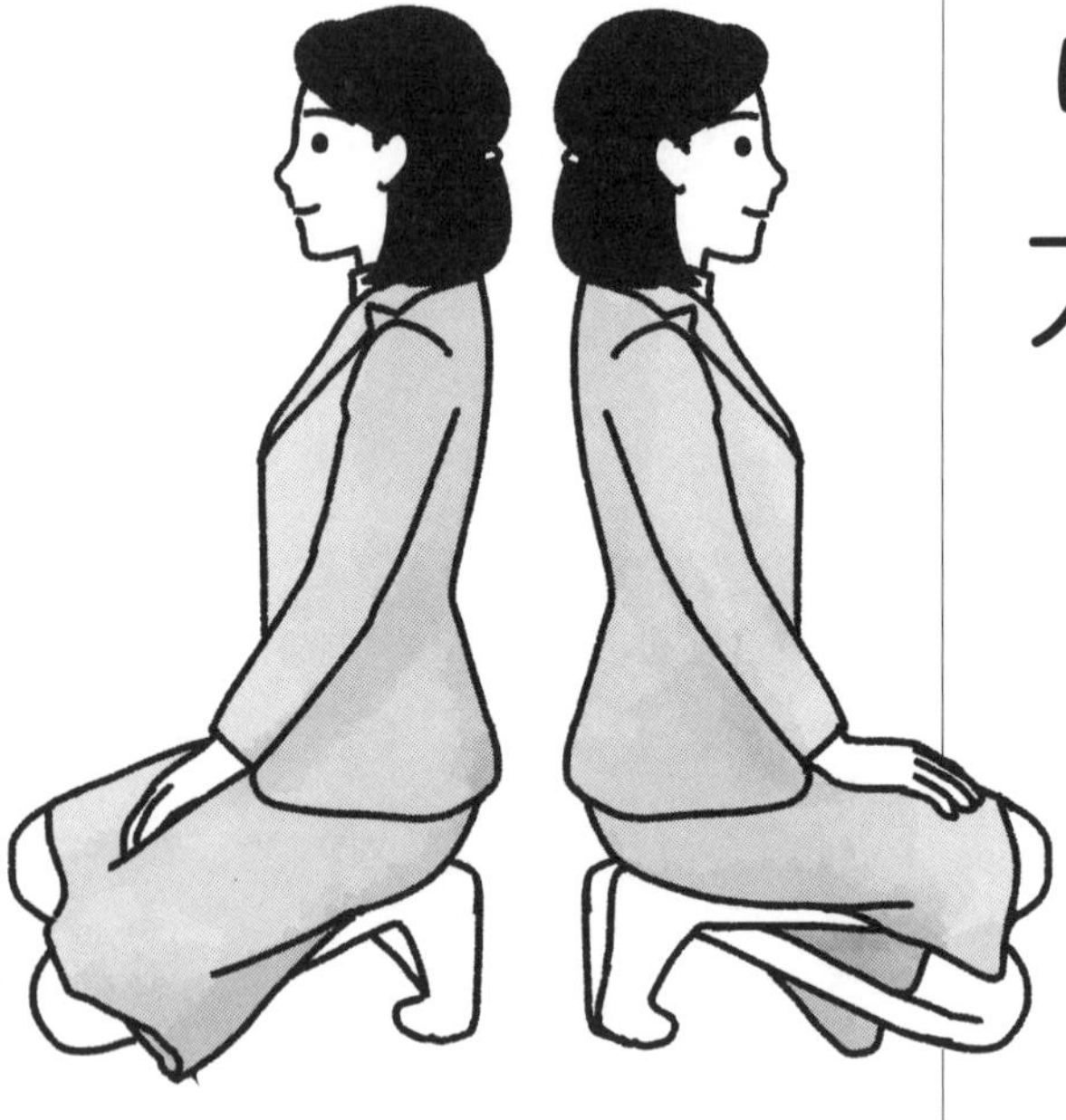

腰から廻り、腰から開く 重心を正しく移動することを意識

廻り方の原則は、つねに上座に向かって「廻る」こと。たとえば、右が上座の場合には、左足を右足のつま先に「T字」にかけ、次に右足を左足の踵に「T字」に引き、左足を右足にそろえて180度、後方に向き直ります。

「開く」は、中央に背を向けることを避ける場合の動作。廻るほうの足を引き、さらにもう一方の足を引いて両足を揃え、下座の足から歩き出します。

「廻る」「開く」ともに重要なのは重心の移動です。スムーズな動きになるよう、腰から廻り、腰から開くことが大切です。

座っているときの廻り方は、手を太腿の上に置いたまま足をつま立て、右に廻る場合は右膝を少し上げ、床についている左膝で右膝を押すようにして、横向きになるまで廻ります。左膝は床から離さないように、右のつま先は動かさず、膝と腰で回るようにしましょう。

なお、男性が座して右に「開く」場合は、まず跪座となり、左膝を床につけたまま右膝にかぶせるようにして90度開き、その左足に右足を揃え、向きを変えます。

立っての廻り方

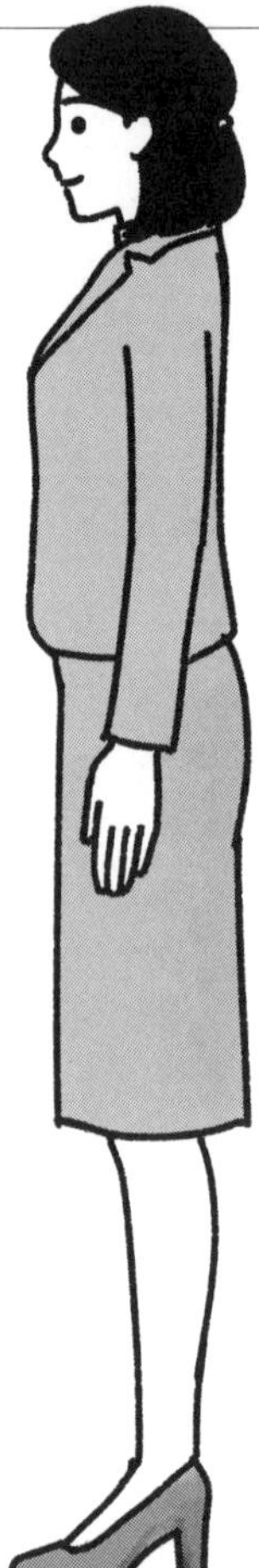

右が上座の場合は、左足を右足のつま先にT字にかけ、次いで右足を左足の踵にT字に引き、左足を右足に揃えて180度、後方に向きを変える。

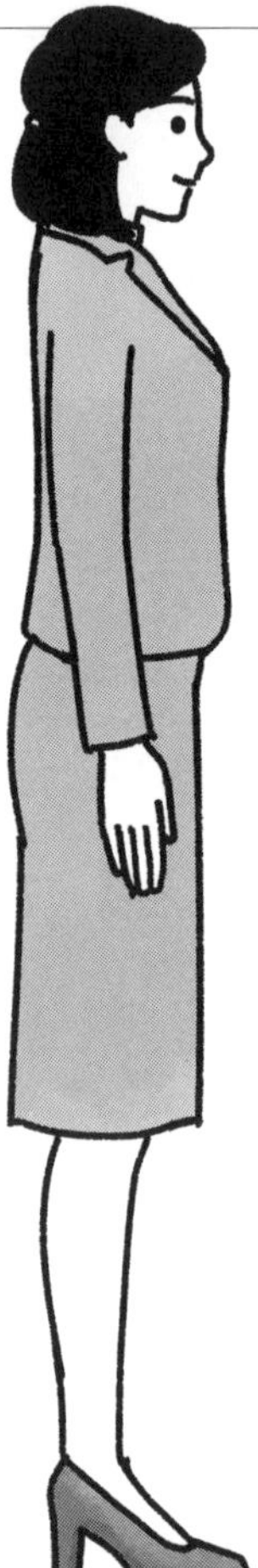

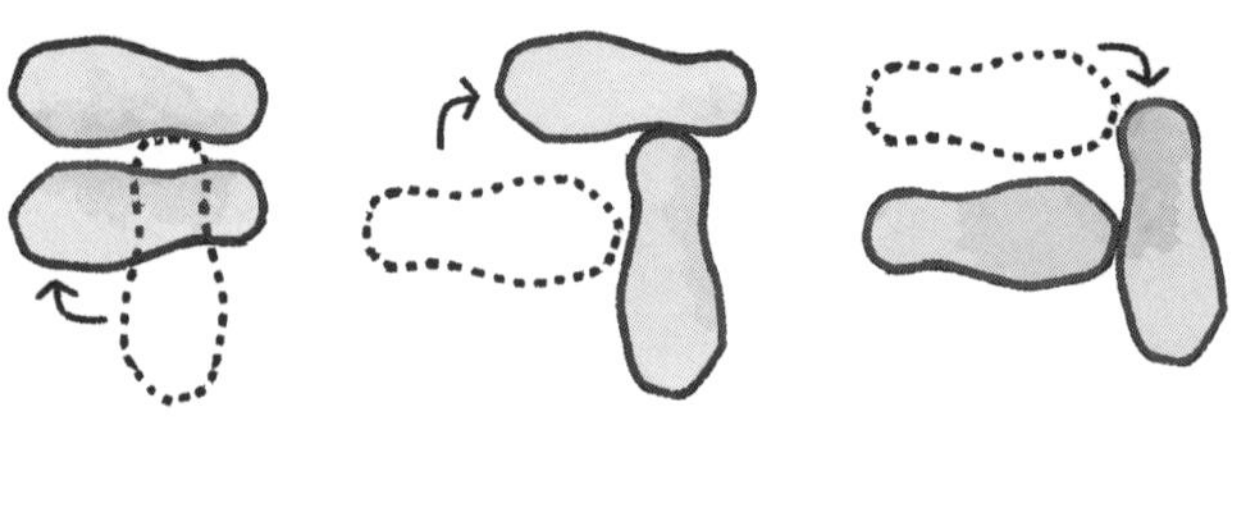

立っての開きかた

右に90度「開く」場合は、左足に沿わせながら右足のつま先を左足の踵にL字にかけ、左足を右足に揃える。

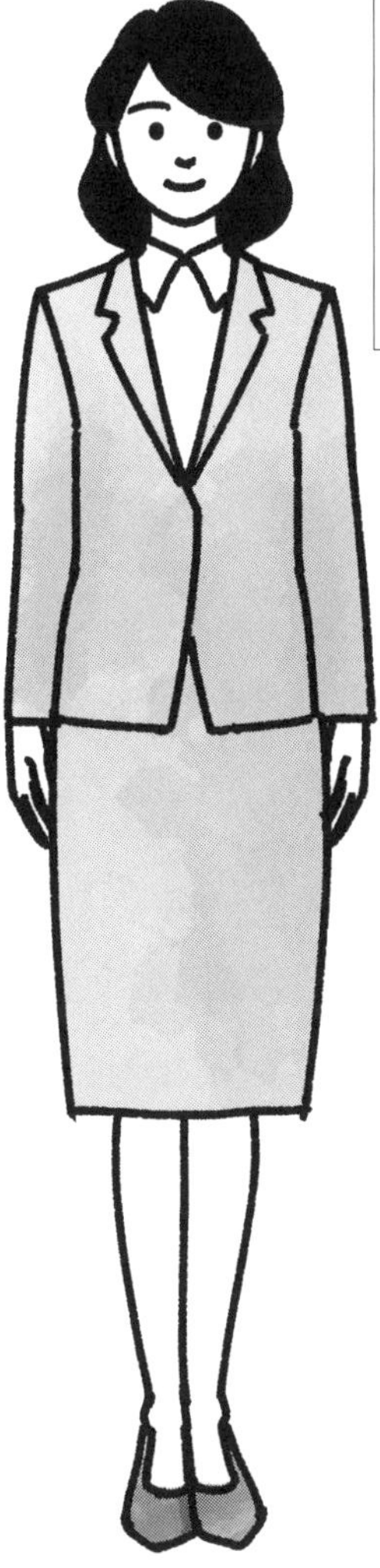

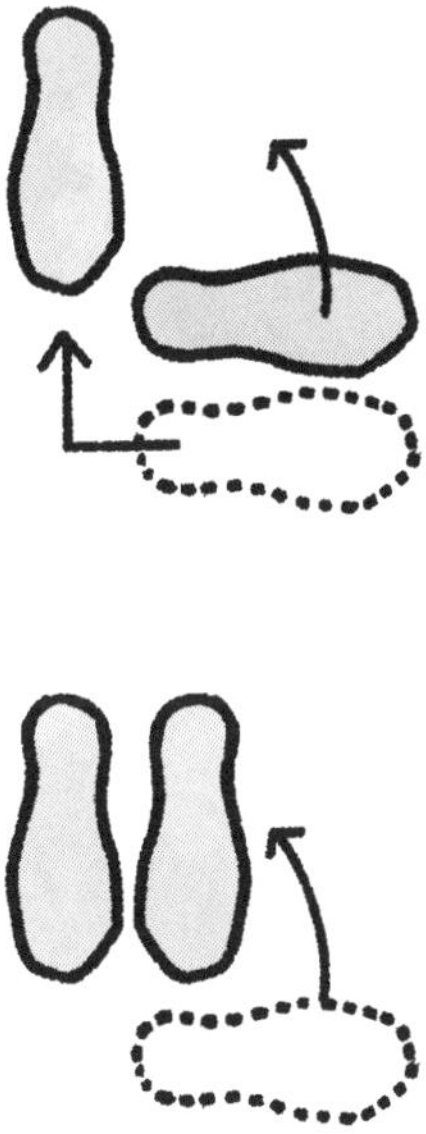

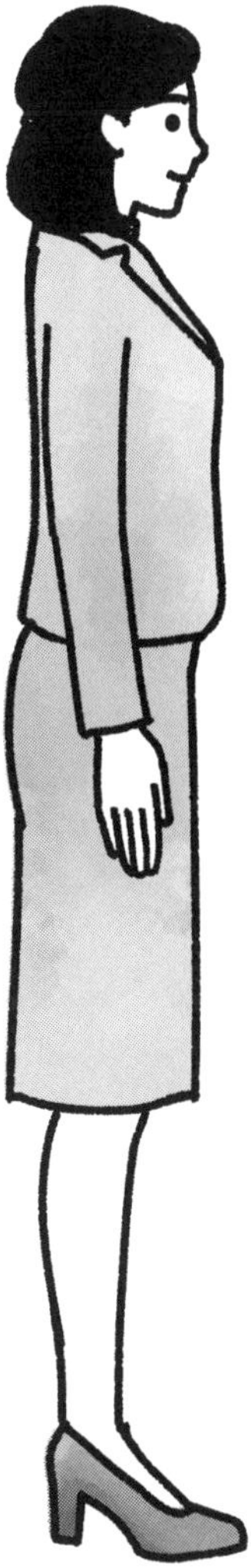

座っての廻りかた（女性）

廻る方向の膝を少し浮かし、
反対の膝で押すようにして廻る。

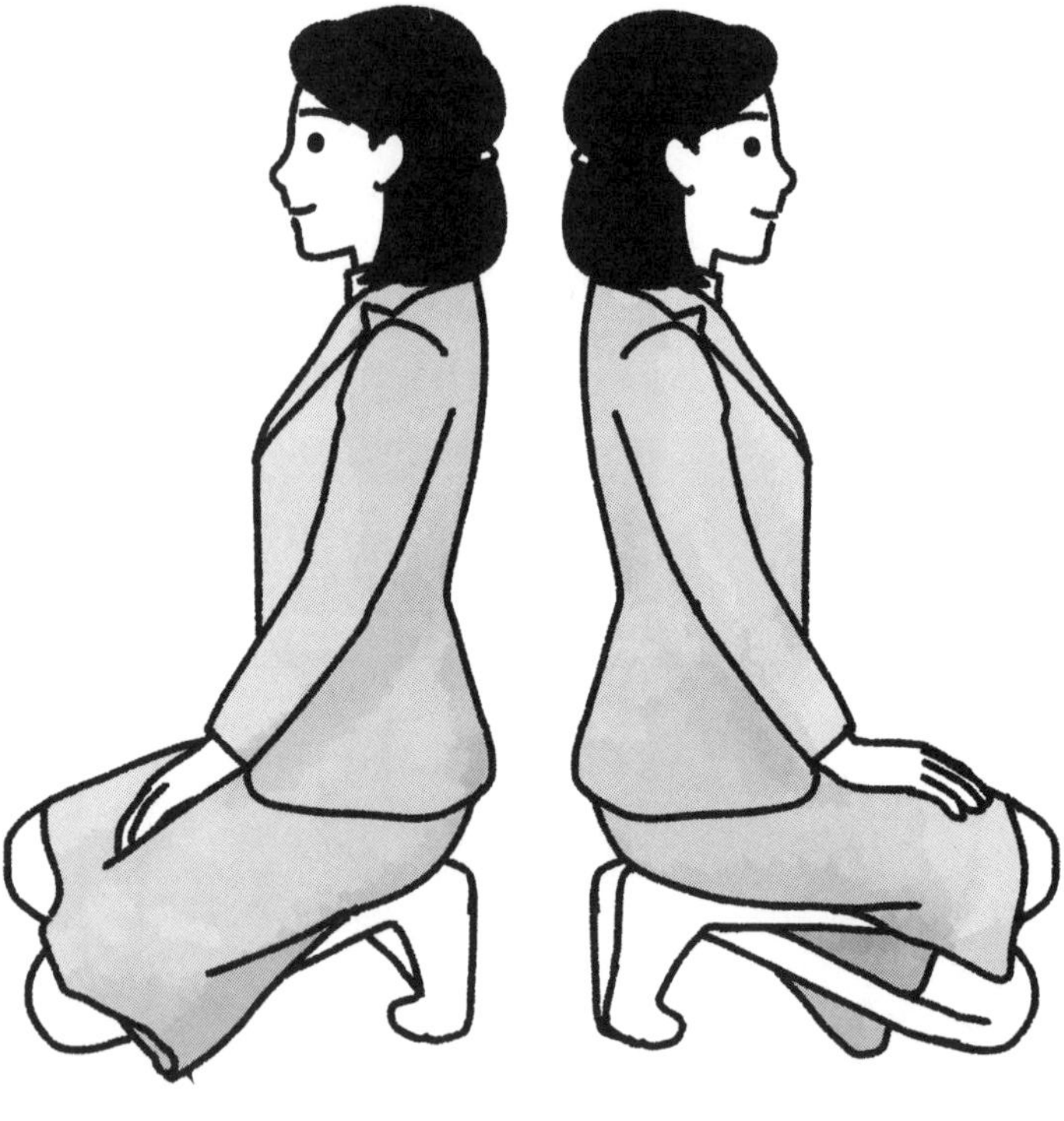

座っての開きかた（男性）

腰を先に伸ばしてしまうと、無駄な動きとなり、スムーズさを欠いてしまう。

男性は「開く」で90度方向を変える。腰を伸ばしつつ足を被せ、揃える。足と腰の動作が同時で、呼吸と合っていることが大切。

動作は流れるように
ポイントは「踵」

歩きながら「曲がる」方法にはいくつかあり、場所が広い場合は、弧を描くように歩きながら向きを変えます。また、直角に曲がる場合もあります。

右に曲がる場合は、左足をまっすぐに出し、そこへ右足を運びながら、左足の踵のところで右へ直角に向きを変えて、曲がります。このとき、踵より前に足が入ってから曲がると、姿勢が崩れてしまうので注意してください。

後ろに下がりながら曲がる場合は、「開く」の廻り方を。踵のところで正確に90度となるように向きを変え、そのまま後ろに下がって足を運びます。

いずれの動作も、流れるように行いたいもの。そのためには、呼吸に動作を合わせること（詳しくは、後述します）が大切です。

歩行中の曲がりかた

右に直角に曲がる場合は、左足をまっすぐに運び、次に右足をまっすぐに運びながら、左足の踵のところで進行方向に直角に曲がり、向きを変える。

動き出しとしめくくりは、あえてゆっくり

小笠原流礼法では、粗相のない動き＝落ち着いた所作を目指します。それは、粗相をして自分の品格を落とすことを防ぐだけでなく、周囲の人たちを不安にさせたり、危険にさらさないためでもあります。

落ち着いた動きをする上でもっとも重要なのは、「体の中心を使う」ことです。手先だけで何かをしようとすると、どうしても動作の最初と最後に勢いをつけてしまうからです。

落ち着いて見えるためには、一定のスピードで動くことが大切。コツは、動作の最初と最後の部分を「あえてゆっくり動く」よう意識することです。それによって粗相をする確率が減り、見えた目にも落ち着いた動きになります。

たとえば、話をしているときに、体の中心を意識して、体がぶれないほうが余裕があるように見えます。体をつねに動かしていたりフラフラさせていると、心がここにないような印象を相手に与え、真剣に話そうという気を失わせてしまう。つまり、信頼を失いかねません。つねに体の中心を意識し、動作の最初と最後をていねいに行うよう心がけましょう。

作法のことば

心に一張の弓を持つ

弓は、「一張《いっちょう》」と数えます。矢を飛ばせる状態の弓というのは、弓本体につねに一定の力がかかり続けています。

そのように、心の中にもつねに一定の緊張感をもっていなさいというのが、「心に一張の弓を持つ」という言葉の意味です。

つねに一定の緊張感を持っていれば、「うっかり」や「つい」、「なんとなく」がなくなり、自分の発言や行動に対して責任を持てるようになります。そうすれば、おのずと自分自身を大切にすることができるでしょう。仕事上のミスも減るはずです。

人とのおつきあいについても、相手を気遣うことは大切ですが、それには自分を気遣うことが先決です。

自分を気遣う＝自分を甘やかす、ということではありません。自分を律し、正していくということです。そのためには、心の中につねに一張の弓、緊張感が必要だというのが、小笠原流の教えです。

第二章

心の芯をつくる

いつでも、誰に対しても礼を尽くす。それが、生きていく上での自信につながる

人間は、ひとりで生きているわけではありません。社会生活を営んでいる以上は、つねに誰かしらと関わっています。そこには秩序が必要で、秩序の根本となっているのが教養です。

教養には、知的な教養と行動の教養があります。前者は、豊かな知識や学問的な深さを意味しますが、いくらそれらがあっても常識を欠いていたり、周囲の人たちと普通におつきあいができなければ、社会人としては失格です。教養という言葉の中には、豊かで広い社会的常識、円満な情緒性も含まれているのです。

人はみな、平等です。しかし、平等だけでは社会生活は成り立ちません。近年、時代の寵

児として注目されている人たちの中には、目上の方に対して敬意が感じられない言葉遣いや振る舞いをする人も見受けられます。彼らは、今、人生の絶頂にあるので「お金があるから自分はひとりでも生きていける。敬語なんて必要ない。周りがどう思おうが、人に頭を下げるなんてまっぴらだ」と思っているのかもしれません。

しかし、今の世の中、いつどうなるかわかりません。実際、このコロナ禍で大企業と言われていた会社も経営破綻し、多くの人が職を失っています。一匹狼の起業家やフリーランスの人の状況は、さらに厳しいでしょう。

苦境から脱するには、誰かに協力してもらわなければどうしようない、ということはいくらでもあります。そうしたときも、「人に頭を下げるなんてまっぴらだ」と言っていられるでしょうか。いっとき我が世の春を謳歌しながらも、そうやって消えていく人は少なくありません。

大変な世の中を生き抜くためには、知識やお金だけでなく、行動の教養が必要なのです。その、行動の教養の元となっているのが「礼」。小笠原流においては礼儀と作法、「礼法」です。

この章では、お辞儀の仕方や訪問の作法など、人とおつきあいする上での基本的な礼儀と作法を学びます。いずれも細かい手順がありますが、それは相手に心を伝えるためです。

いわゆるマナーの本には、もっと簡単な作法が紹介されていますが、見た目の美しさにとらわれ、「型」をつくることに専心しているようなものが見受けられます。小笠原流礼法では「形」を大切にしますが、「形」には心が通っています。一方、「型」はいわば鋳型のようなもので、相手の心には響きません。

相手を敬う心を形にして示すのが、礼法です。そう心得て、お辞儀や訪問の作法の稽古に励んでください。こうした心構えや修練は、現在のような不安や閉塞感の強いときこそ必要なのです。

いつでも、誰に対しても礼を尽くすことができれば、どこに出ていっても躊躇することなく、堂々としていられます。それは心の芯、つまり生きていく上での自信につながるはずです。

生き抜くための作法 ⑧

立礼（立ってのお辞儀）

世界にはいろいろな礼の仕方がありますが、日本は「屈体」をして頭を下げる礼。頭を下げ＝自分の弱いところを見せ、「あなたを信頼しています」という気持ちを全身で表現することが大切です。

「礼三息《れいみいき》」で、相手に敬意と誠意を表す呼吸を合わせる＝息が合う

立った姿勢でのお辞儀、立礼には三種類あります。もっとも浅いお辞儀は指先が３㎝ほど下がり、もっとも深いお辞儀は膝頭に指先が到達。その中間が、普通のお辞儀です。いずれも、正しい立ち姿から始まります。手は体の横に下りているので、上半身をまっすぐ倒していくと、体と一緒に手も前に出てきます。

マナーの本などには、手を体の前で組んでお辞儀をする図を見かけます。また、体のバランスを取るためか、尻に手を当ててお辞儀をする人もいます。どちらも体の動きとして不自然ですし、相手に気持ちが通じません。手は、軽くくぼませた手のひらを太腿につけ、上半身の動きとともに前に出るのが自然です。

お辞儀をするときに、何より大切なのが「呼吸に合わせる」ことです。小笠原流礼法では「礼三息」といって、①息を吸いながら上半身を倒し、②動きが止まったところで息を吐き、③息を吸いながら上半身を起こすことを原則としています。

「礼三息」は、どんな相手に対しても折り目正しく、相手への敬意と誠意が表われます。

当然ながら、浅いお辞儀のときは上半身は少ししか動かず、深いお辞儀のときは多く動きますが、呼吸のリズムは同じなので、深いお辞儀、つまり目下の人が目上の人にするお辞儀のほうが、動きが速くなります。

深いお辞儀ほどゆっくりした動きになると思われるかもしれませんが、小笠原流ではつねに呼吸に合わせて動き、そのリズムはほとんどの人が同じなので、外見上は深いお辞儀のほうが動きが速くなるのです。

お辞儀の場合、「呼吸を合わせる＝息が合う」という意味合いも持っており、初対面の相手であっても最初のところで息が合う、つまり、正しいお辞儀ができれば相手との敵対が避けられ、自分の身を守ることができるというわけです。

立ってのお辞儀

正しい姿勢から上半身をまっすぐ倒すと、体といっしょに手も前に出て来る。指先が少し前に出たところが「浅い礼」（会釈）、指先が太ももの真ん中あたりにくるものが「普通の礼」（同輩に対する礼）、膝頭までつくと「深い礼」（最敬礼）となる。

×　　　　○

バランスを取ろうとして尻に
手を当てた礼は、不自然。

×

両手がももの内側に入った礼は、手に意識がいってしまう。

×

手を前に組んでから屈体する礼は、不自然。

生き抜くための作法 ⑨

座礼（座ってのお辞儀）

座ってのお辞儀も、屈体の礼が基本です。小笠原流礼法において、座礼には9つありますがここでは、日常でよく使われる5つ。立ってのお辞儀と同様に、「礼三息」で心を込めてじっくり行いましょう。

相手との関係性によって、九つの礼を使い分ける

小笠原流礼法では、「九品礼《くほんれい》」といって座礼を9種類に分け、場合に応じてふさわしいお辞儀をします。

いずれも、背すじを伸ばした正座の姿勢からスタートします。この姿勢で上半身を倒していくと、太腿の上に乗せた手が体の脇に落ちていきます。さらに前に倒すと、手も前に進みます。

三指をついたり、先に手を前についてから屈体するのがていねいなお辞儀だと考えられがちですが、そうした動作は形式的なものにすぎず、心が伴っていません。同じ理由で、肘を張ったお辞儀もNGです。

手は、上半身を屈体することによって前に出てくるのが体の自然の動きであり、相手の心に響くお辞儀となるのです。

九品礼には、屈体の浅い順から「目礼《もくれい》」「首礼《しゅれい》」「指建礼《しけんれい》」「爪甲礼《そうこうれい》」「折手礼《せっしゅれい》」「拓手礼《たくしゅれい》」「双《そう》手礼《しゅれい》」「合手礼《ごうしゅれい》」となり、それに手を合わせる「合掌礼《がっしょうれい》」がありますが、日常でよく使われ

るのは、会釈として指建礼、普通の礼として折手礼と拓手礼、深い礼として双手礼、合手礼の5つ。なお、「折手礼」は、両方の手のひらを畳につけるのですが、女性は指先を後ろに向け、男性は指先を前に向けます。これは、男女の骨格の違いからくるものです。

女性の、指先を後ろに向けて手のひらを畳につける姿勢に、あまりなじみがないかもしれませんが、正座をして本を床に置いて読んだりする場合や、かるた取りをするときなどに、この姿勢をしていることが多いようです。

立礼でのお辞儀と同様に、「礼三息」で心を込め、じっくり行ってください。

座ってのお辞儀

折手礼：体が前傾し、手のひらが畳についた状態。指先を、女性は後ろに、男性は前に向ける。

指建礼：上半身が少し前に傾き、両手が太ももの両側におり、指先だけが畳についた状態。

正座

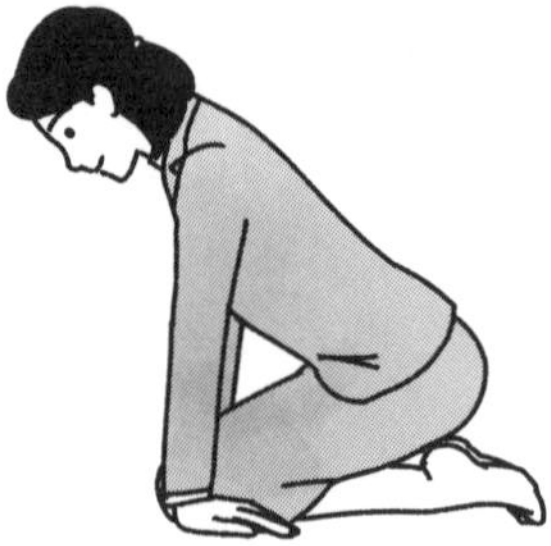

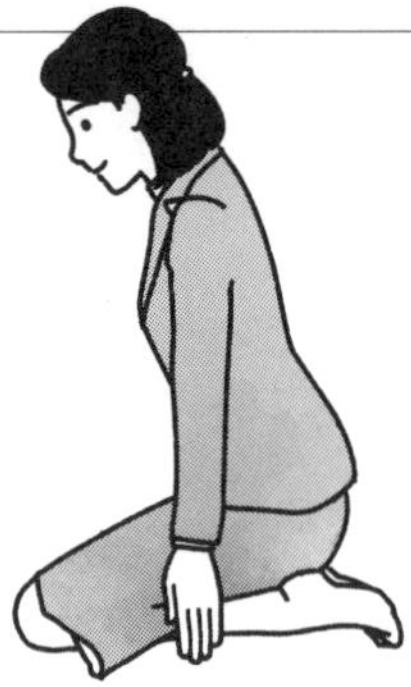

合手礼：いちばん深く、ていねいなお辞儀。背中が床と平行になるまで体を折る。畳についた両手の指先、人差し指と親指でできた三角形の真上に、鼻がくるように。

択手礼：男女とも指先を前に向け、手が膝の横前に出るまで前傾した状態。

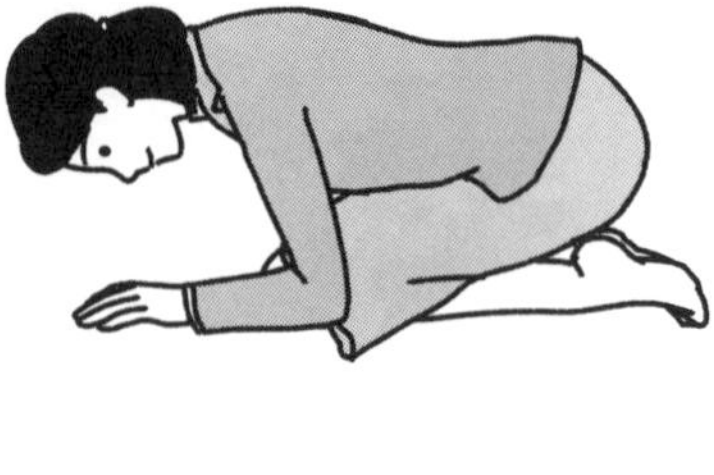

座ってのお辞儀（NG例）

手はあくまでも屈体によって自然に移動する。先に手の位置を決めて屈体する礼では、相手に気持ちが伝わらない。

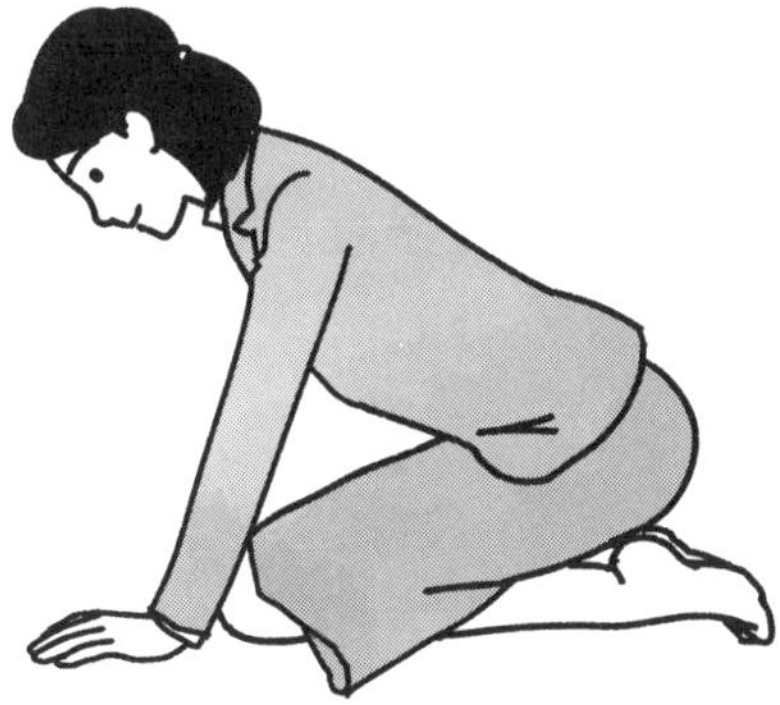

肘が体に沿っていない、肘を張ったお辞儀は、男性によく見受けられるが、横柄に見えてしまう。

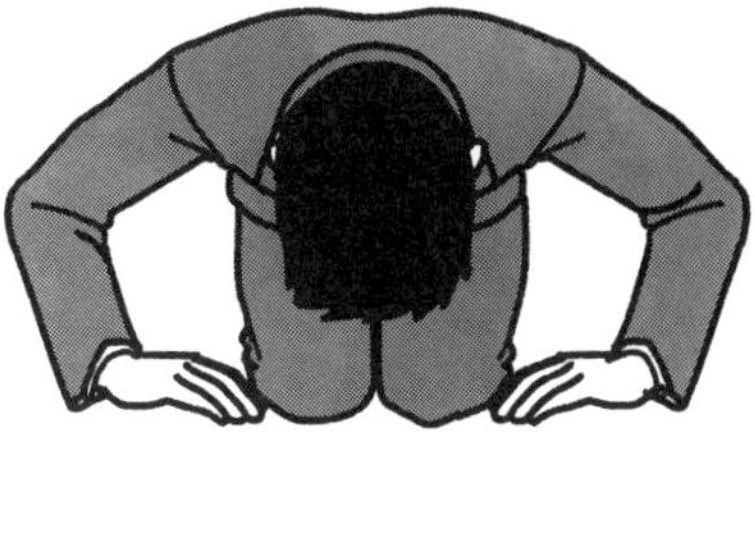

尻が踵から浮いてしまったり、背中が丸まったりしないよう注意。

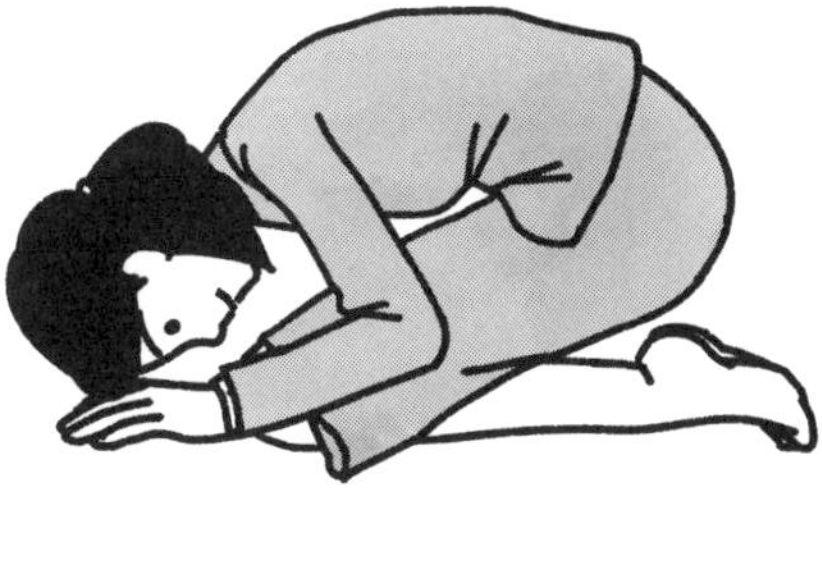

生き抜くための作法 ⑩

行き逢いの礼、前通りの礼

立ってのお辞儀、座ってのお辞儀のほかにも相手に敬意を表す必要のある場面は少なくありません。人とすれ違うときは「行き逢いの礼」、人の前を横切るときは、「前通りの礼」を行います。

脇へ避け、道を開ける礼を尽くしながらも、卑屈にならぬこと

道や廊下を歩いているとき、前方から上位の方が来られても、そのまま歩き進む人が少なくないようです。しかし、万が一、衝突したり肩が当たったりすれば危険ですし、上位の方に対して大きく礼を欠くことになります。

上位の方と行き逢った場合、まず目安として4メートルほど手前で脇に避けます。左へ避ける場合は、一度足を揃えてから右足を90度、左後方へ退け、次に左足を同じく退け、また右足を下げて両足を揃えます。手を太腿に置いて待ち、先方が自分の前に来られたら、両手が膝頭の上までくるように、深い礼をします。手を太腿に戻し、通り過ぎられてから身体を起こして、左足から歩きだしましょう。右に避ける場合にはこの反対と考えてください。

同輩や年下と行き逢う場合には、1メートルほどあけ、お互いに左へ斜めに離れ、同輩の礼（普通の礼）をしてから同時に歩きだします。

なお、階段で行き逢う場合は、上位の方が降りてこられたときは下で待ち、昇ってこられ

たときは上で待ちます。

上位の方に敬意を示そうとしてか、ぺこぺこと頭を下げる人も見受けられますが、それでは軽い印象を与え、かえって失礼です。評価を下げることにもなりかねません。卑屈になることなく、正しく礼を尽くすことが大切です。

行き逢いの礼（道や廊下で出会ったとき）

上位者と行き逢った場合、まず目安として4メートルほど手前で脇に寄る。2メートルくらい前に来られたら、両手を膝頭の上までくるように深い礼を。通りすぎられてから体を起こす。なお、同輩や年下の場合は、1メートルほどあけてお互いに左へ斜めに離れ、普通の礼をしてから同時に歩き出す。

足の運び方

上位者との行き逢いの礼：左に避ける場合は、一度足を揃えてから右足を後ろ90度に退き①、左足も90度後ろに退く②。さらに右③、左④と退いて道をあけ、両足を揃える。

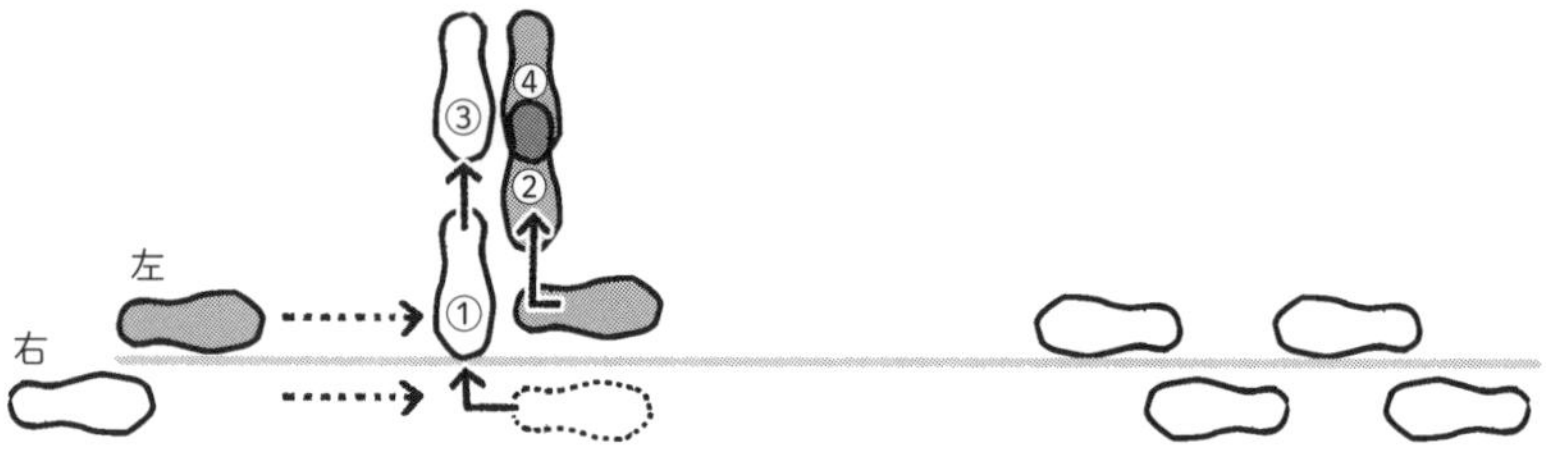

同輩との行き逢いの礼：同輩同士の場合は、お互いに左斜めに2足開き、向かい合って両足を揃えて礼をする。その後、右斜めに歩を進め、もとの道に戻る。

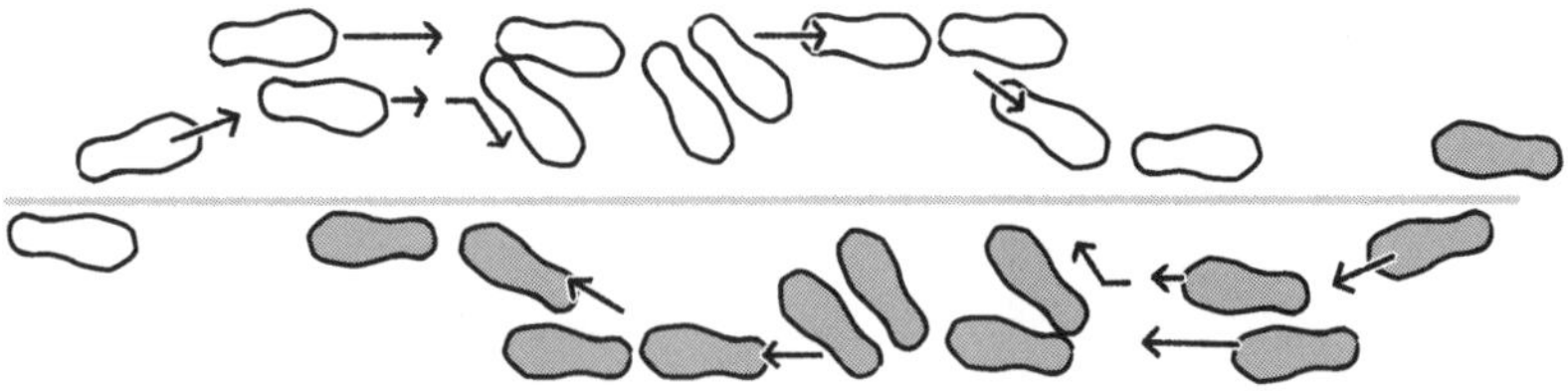

人の前はなるべく横切らない
通るときは「前通りの礼」を尽くす

基本的には、人の前は通らないこと。ですが、通らざるを得ないときもあるでしょう。その場合は、礼を尽くします。それが「前通りの礼」です。

「申し訳ありませんが、前を通らせていただきます」という気持ちが大切。その気持ちを込めて深い礼をし、できるだけ足早に通り過ぎるようにしてください。

「前通りの礼」は、目上の方の前を通らなければいけないときだけではありません。同輩や、目下の人の前を通るときも同じです。

自分がテレビを観ているときに、誰かに前を通られたら不愉快でしょう。その気持ちを思い出し、「ちょっと、失礼」のつもりで一礼し、さっと通り過ぎます。

前通りの礼①

椅子に座っている自分の前を上位者がお通りになるときは立ち上がり、下座で、上体を少し前に傾けて待ち、前に来られたら一礼する。通りすぎるのを見送ってから、椅子に戻る。同輩の場合は、椅子の前に立って一礼し、前を過ぎたら着席。

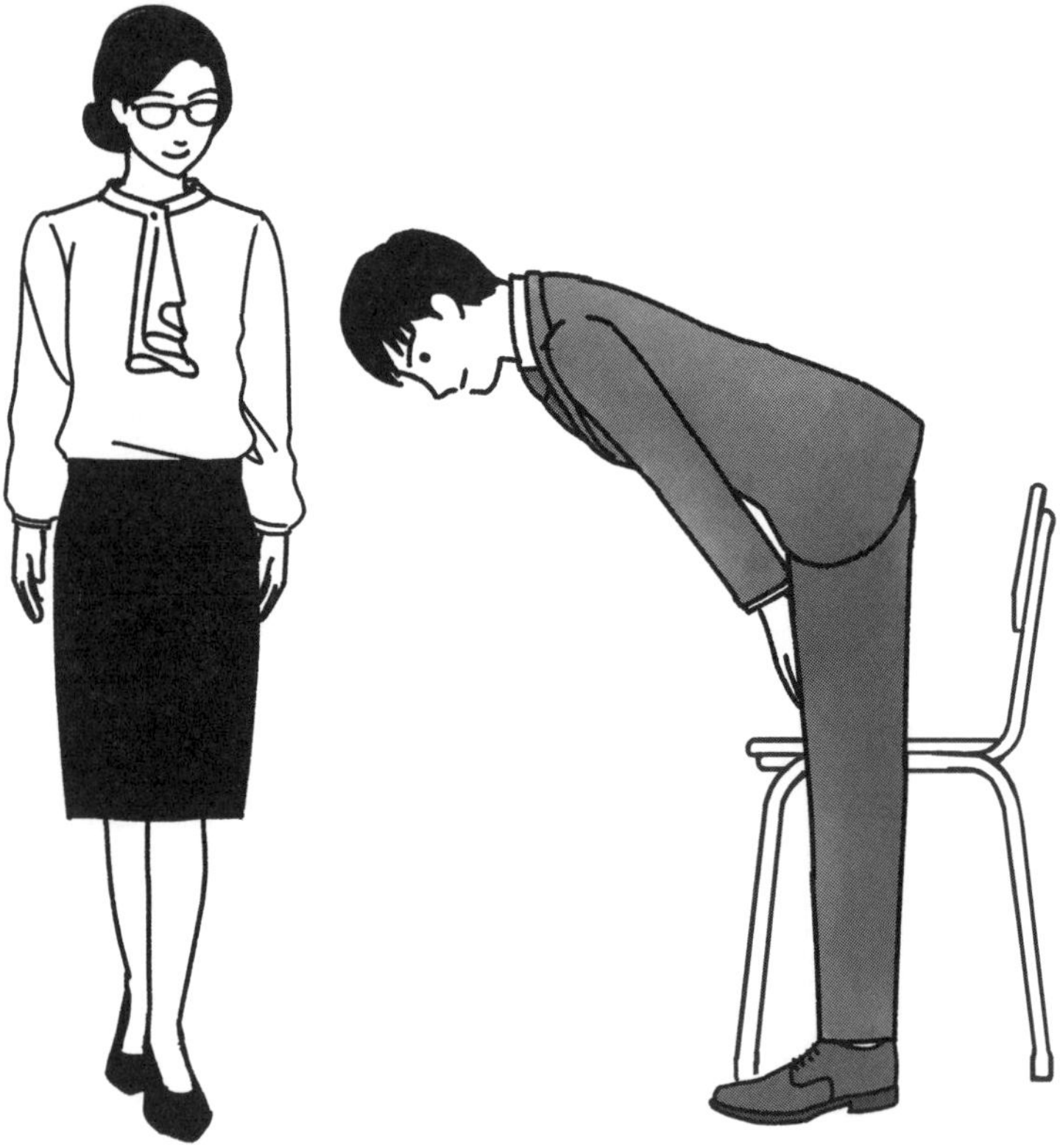

前通りの礼②

自分が人の前を通りすぎるときは、「申し訳ありませんが、前を通らせていただきます」という気持ちが大切。その気持ちを込めて深い礼をし、足早に通りすぎる。

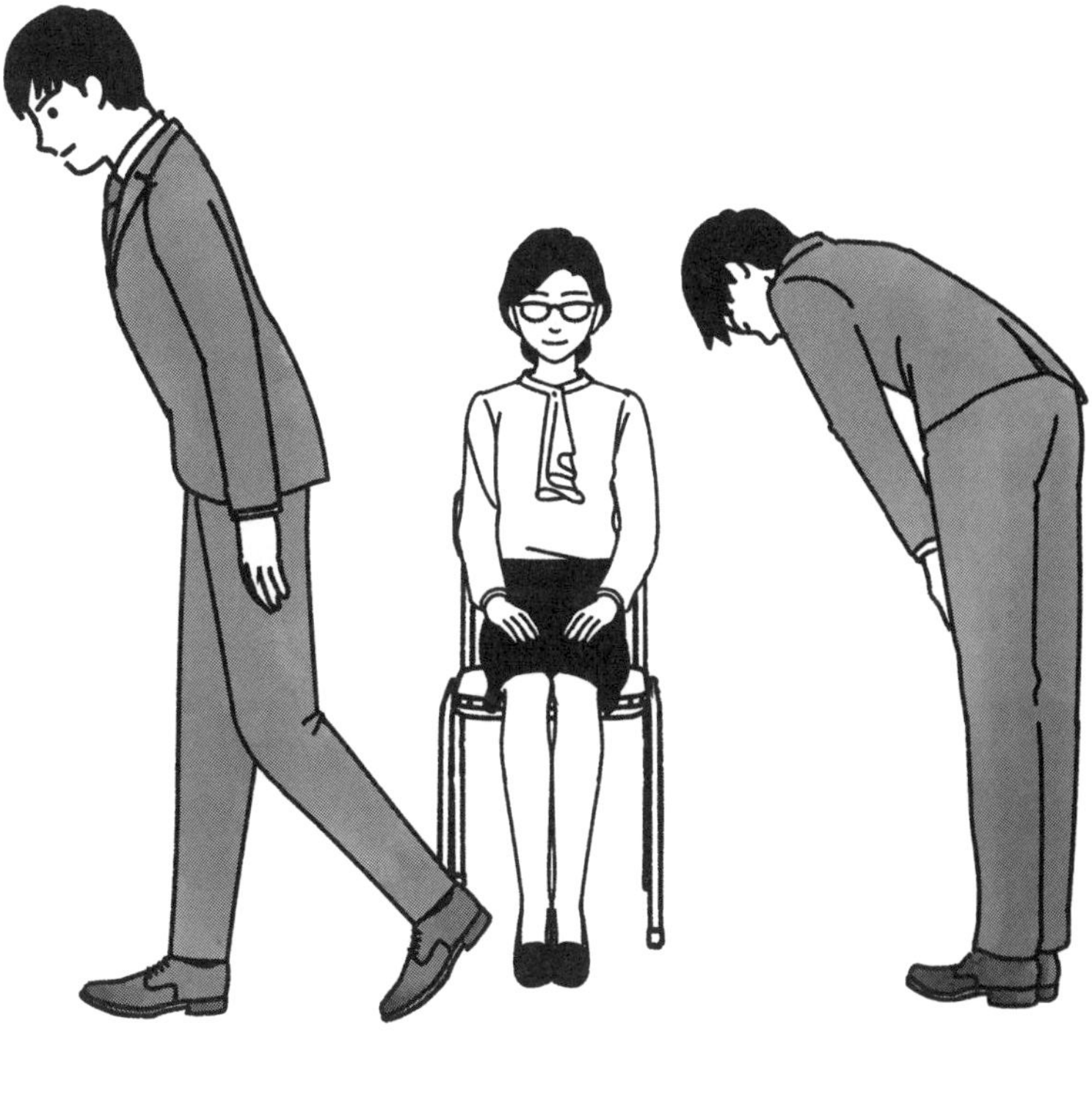

生き抜くための作法
⑪

訪問の心得

仕事などで相手の自宅を訪問する場合は、オフィスを訪ねるときとは違った、いろいろな気遣いが大切です。訪問先の相手に合わせることが大前提ですが、自己の人格を守ることも大切です。

お互いの人格を尊重することが大切「人は人、自分は自分」と心得よ

訪問にあたっては、相手の都合をうかがってから行きます。当然のことと思うかもしれませんが、実際のところ、できていない人が少なくありません。「忙しい中、たまたま時間ができたから」「近所まで来たから」など、いろいろ言い訳はあるでしょうが、相手が目上の方であっても親しい友人であっても、突然訪ねて行くのは失礼です。

あらかじめ約束をする際には食事の時間帯は避け、時間が決まったらそれを必ず守ること。交通事情などで遅れそうな場合には、約束の時間よりも前に連絡を。メールやメッセージでは相手が気づかないこともあるので、電話をしましょう。

訪問の際、心の持ち方として重要なのは、お互いの人格を尊重することです。相手の家のルールが、自分の家のルールと異なることもあるでしょう。しかし、人によっていろいろな考え方があり、家の事情もさまざまです。どちらが良い、悪いではなく、「人は人、自分は自分」。それが、お互いの人格を尊重するということです。

相手を気遣うあまり、自分をないがしろにするのも、よくありません。自分自身を大切に

できなければ、相手を大切にすることはできないからです。利己主義ということではなく、訪問先でも自分の人格を守る必要があるのです。

たとえば、服装は「時・所・相手」に応じて考慮する。いずれの場合も、清潔が第一。相手に感じのよい印象を与えることができれば、大切に扱われます。それが、自己の人格を守るということです。

玄関の外で上着を脱ぐのは、「危害を加えるつもりはない」という意思表示

訪問する際、いつどこで上着を脱ぐべきか、迷うところでしょう。「門を入らば笠を脱げ」という言葉があり、本来は、訪問先の門をくぐる前に脱ぐのが礼儀とされています。昔、武士が雨の日に他家を訪ねたとき、そのタイミングで笠や合羽を取っていたからです。

その理由は二つあります。一つには、相手に対して「危害を加えるつもりはない」との意思表示。笠や合羽の下に、刀などの武器を隠し持っていないことを知らせるためです。そしてもう一つは、外のホコリや塵を訪問先に持ち込まないためでした。

現代、とくに日本においては、上着を着ていることで相手を不安にさせることはないでしょうが、「外の汚れを家の中に持ち込まない」という配慮は必要です。帽子やストールについても、最近ではファッションの一部と考えて室内でも着けたままの人を見かけますが、とくに仕事などで相手の自宅を訪ねる場合は脱ぐ（はずす）のが社会人としての常識です。

脱いだ上着は、表を中に入れる「裏たたみ」に。これも、ホコリや塵などを部屋の中に撒き散らさないためです。

訪問の作法

出迎えた方に背を向けないよう、下座足からまっすぐ上がり、両足を揃える。

コートは玄関に入る前に脱ぎ、その後、ベルを鳴らす。コートを折りたたんで持つ場合は、中表にして肩と肩を重ねる「裏たたみ」にし、腕にかける。

「足もと」を見られぬために「足もと」への配慮が重要

　玄関に入るときは、まず軽く挨拶をし、下座側の足から踏み出すようにします。玄関では、靴箱があるほうが下座です。そして、先方に勧められてから靴を脱ぎ、家の中に上がります。最近、多くの人が後ろを向いて靴を脱ぎ、後ろ向きのまま上がりますが、これは出迎えてくれた相手に対して背中を向けることになり、大変失礼にあたります。正面を向いて姿勢よく、まっすぐ上がりましょう。相手に背を向けないようにまわって跪座となり、下座のほうに靴を寄せて揃えます。このとき、使わない手は「指建礼」に。

　靴下が汚れていたり雨などで濡れている場合は下座脇に寄り、相手にひとこと断ってから履き替えます。そのためにも、雨の日は替えの靴下と、汚れたものを入れる袋を用意しておくといいでしょう。

　なお、夏でも、素足での訪問は禁物。ストッキングも同様です。足裏の脂で、スリッパや床、畳を汚してしまうからです。また、たとえ足裏が乾いていたとしても、来客に備えてきちんと手入れをした我が家に、他人が素足で上がり込んでくるのは、あまり気持ちのよいものではないでしょう。相手への配慮として、せめて靴下くらいは履きたいものです。女性は、暑い時期には素足にサンダルをはく人も多いかと思いますが、その場合は靴下を持参し、靴を脱ぐ際に履くようにしましょう。

たかが靴下と思われるかもしれませんが、この作法を正しく行えるだけで相手に好印象を与え、大切に扱ってもらえるはずです。足もとを見られないためにも、足もとへの配慮は必要です。

靴の脱ぎ方

向きを変える手間を省こうと、後ろ向きで靴を脱ぐのはNG。これは、出迎えた方に背を向けることになり、失礼になる。

出迎えた方のほうに開き、跪座となって靴の向きを変え、少し下座に起き直す。靴を持っていないほうの手は、指建礼に。

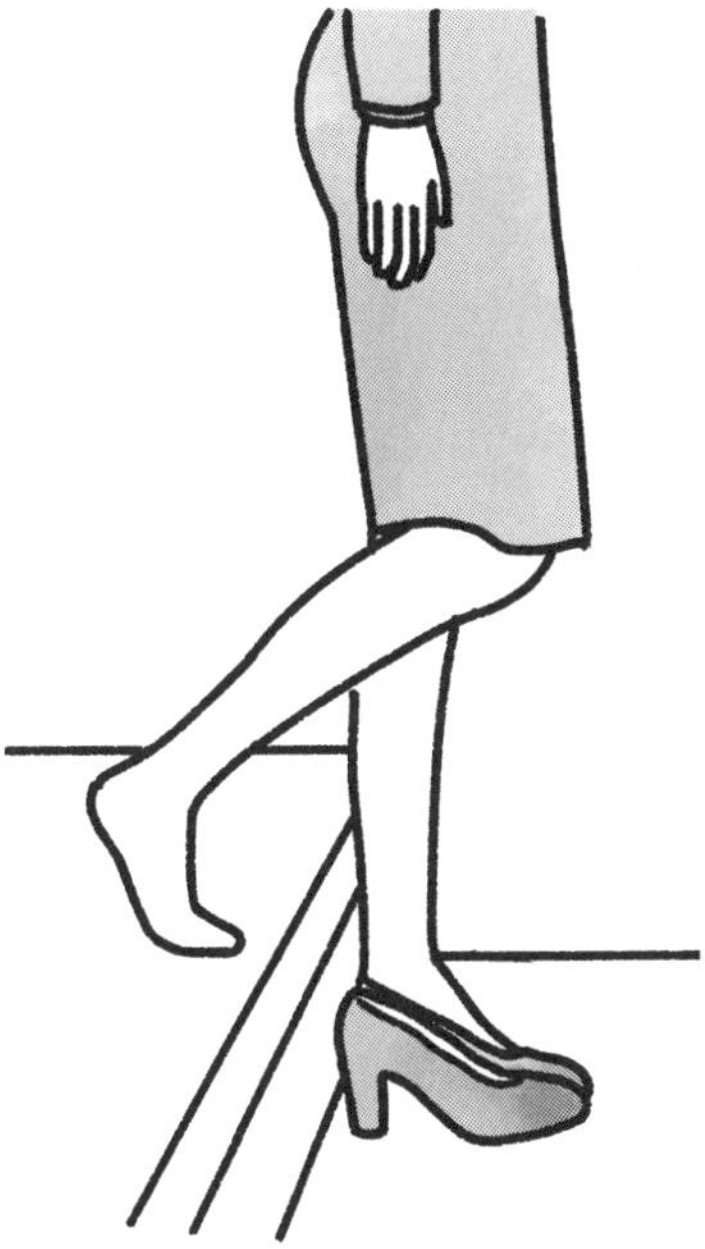

自分の身を守るためにも上座・下座をつねに意識する

部屋に案内されたら、和室、洋室どちらでも入り口に近いところに立ち、静かに相手を待ちます。席を勧められた場合は遠慮しすぎず、お礼を言ってから席につきましょう。

どこに座ればいいかわからない場合は、部屋の中の下座に座ります。和室では床の間の前が上座、入り口に近いほうが下座。洋室の場合は、マントルピースや飾り棚のあるところが上座ですが、それらがない場合は、入り口から遠いほうが上座。応接セットが置かれている場合は、ソファが上座です。

ただし、上座と下座は、「時・所・相手」によって変わることがあります。たとえば、目上の人が何らかの事情で入り口近くに座っていたら、そこが上座。その人からいちばん遠い席が下座となります。

また、本来、和室の床の間は両脇に「脇床」があるのが正式ですが、床と脇床が一つの場合は、向かって右に床があるものを「本勝手」、向かって左に床があるものを「逆勝手」といいます。逆勝手の場合は、床の前が第1位（上座）、床に向かって左が第2位（上座の次）、右が第3位。第4位は本勝手と同様に、出入り口にいちばん近い席です。

部屋の中ではつねに上座・下座を意識して、相手に失礼のないよう、臨機応変に自分の居場所を決めることが大切です。また、上座・下座を理解していると、勧められた席の場所によって自分の立場（招かれた客、あるいは集まっている人の中でのポジション）と、その他の人たちの立場をいち早く察知し、理解することができます。すると、その場での振る舞い方がわかり、目上の人、上位者に対して失礼を働かずにすみます。

つまり、上座・下座をつねに意識するということは、自分自身を守るためでもあるのです。

なお、立ち上がる、座る、歩き出すなどの場合の一歩目は、下座の足（部屋の出入り口に近いほうの足）から始めることが大切。ただし、人が近くにいる場合は、出入り口の位置とは関係なく、人のいるほうを上座として動作を行います。

部屋の出入りや人の前を通るときなどは、下座の足から進み出て上座の足から下がります。逆の足運びをすると、相手を蹴るような格好となり、また、背を向ける動きにもなり、相手には失礼にあたるので注意が必要です。

上座の位置

本勝手の床の間：
向かって右に床の間がある場合は、床に向かって右が第2位となる。

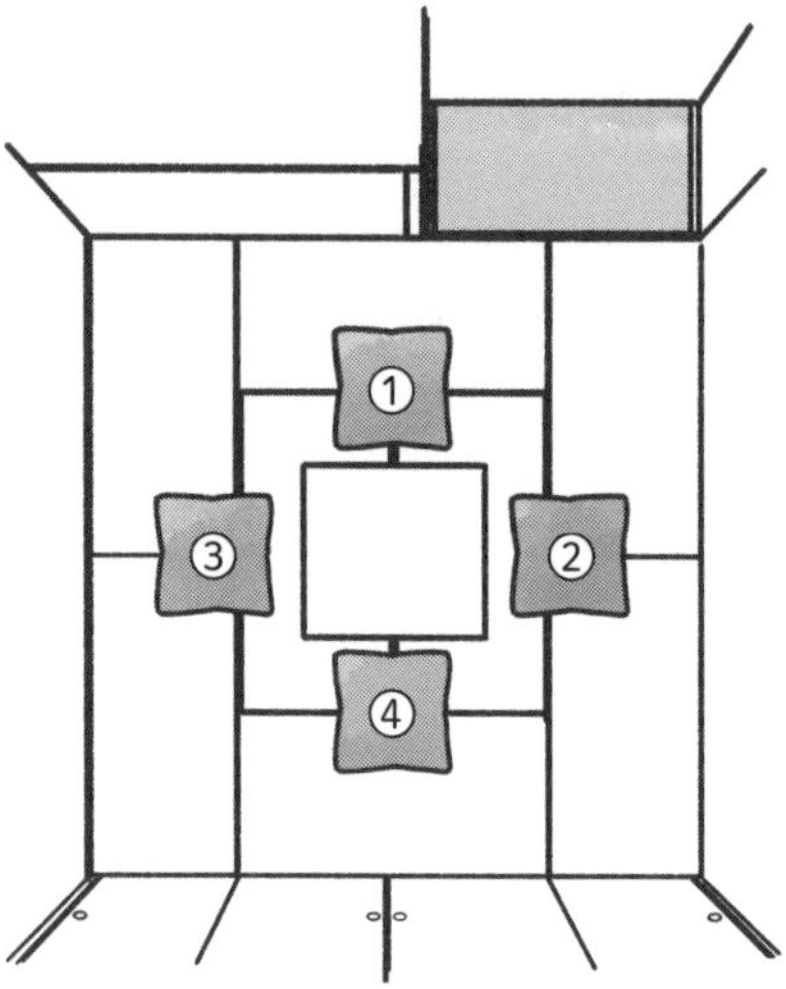

逆勝手の床の間：
向かって左に床の間がある場合、床に向かって左が第2位となる。

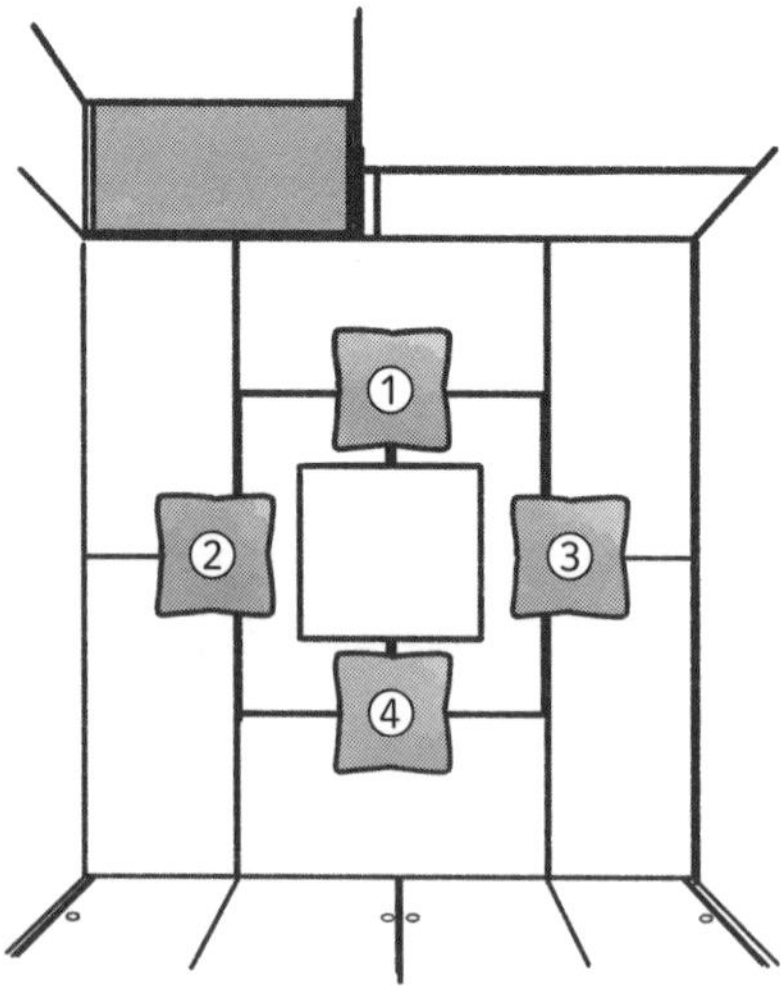

洋間：
洋間の場合は、飾り棚のあるところが上座。応接セットは、ソファ（長椅子）が第１位の席。

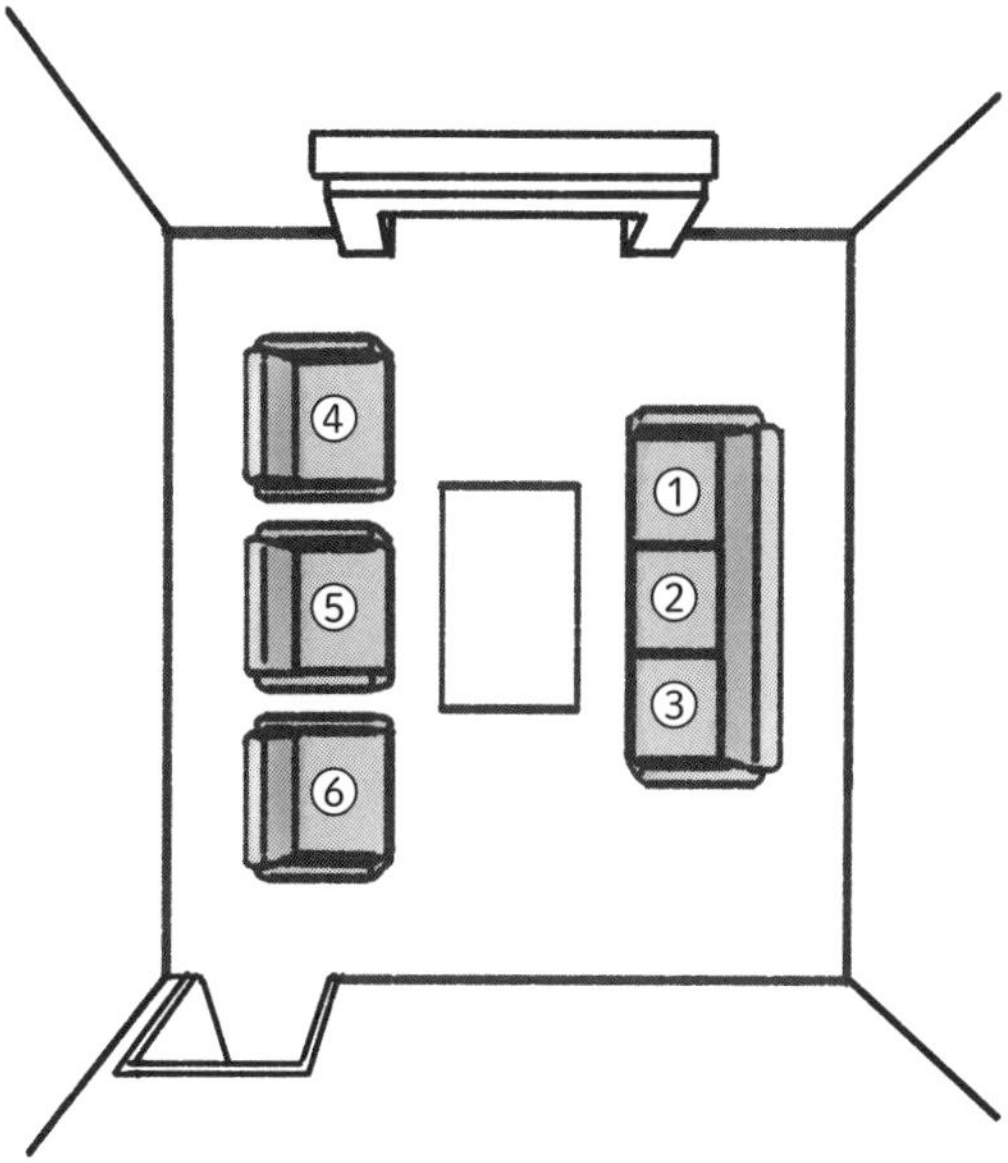

座布団は「座る」ためのもの すべては膝行で行うべし

近年は、和室のない住宅が多く、座布団を使う機会がめっきり少なくなりました。それだけに、いざ使うとなったときに勝手がわからず、粗相をしがちです。

多くの人が上手に使えないものを、さらりと使いこなせれば自信につながりますし、美しい所作で一目置かれること間違いありません。正しい座布団の使い方を覚えましょう。

まず、座布団は座るためのものなので、その上に立って足の裏で踏みつけてはなりません。座布団に座るときも、座布団からおりるときも、座った姿勢のまま膝で進む「膝行」で行います。

正座をしたまま、にぎりこぶしで畳や座布団を押さえながら体を進める人を見かけますが、それは正しくありません。手は、足ではないからです。そして何より、膝行のほうがスマートで見た目が美しいのです。

座布団を勧められたら、座布団の下座で挨拶をした後、跪座の姿勢を取ります。座布団は自分の上座にあるので、上座の膝をやや浮かせて下座の膝で押し、45度回って座布団に向き直ります。膝行で下座の足から進んで座布団に乗り、座布団の中ほどで正面に向き直り、座ります。座布団から離れるときも跪座となり、膝行とは逆の動作、「膝退」で行います。

膝行、膝退ともに簡単そうに見えますが、慣れないとなかなかうまくできません。稽古あるのみ、です。

座布団を勝手に引き寄せて座ることは非常に見苦しいものですし、座布団から膝をはみださせることは失礼にあたります。また、遠慮から座布団をずらしたり、座布団からはずれて座る人も見かけますが、相手の意図、もてなしの気持ちを汲んで、そこに座るべきです。

なお、座るときや立つときに、座布団を裏返しにしないこと。次に使う人のために、自分が使っていない面を上にするという気遣いなのかもしれませんが、座布団には表と裏、正面があります。裏返しにすれば次の人に裏を使わせることになり、逆に失礼です。

座布団の表は、生地の縫い目が覆いかぶさっているほうです。そして、座布団の4辺のうち、縫い目がなくて「輪」になっている部分が正面です。

座布団の座りかた

1. 座布団の下座側で跪座になる。このとき、両手は太ももの上に。

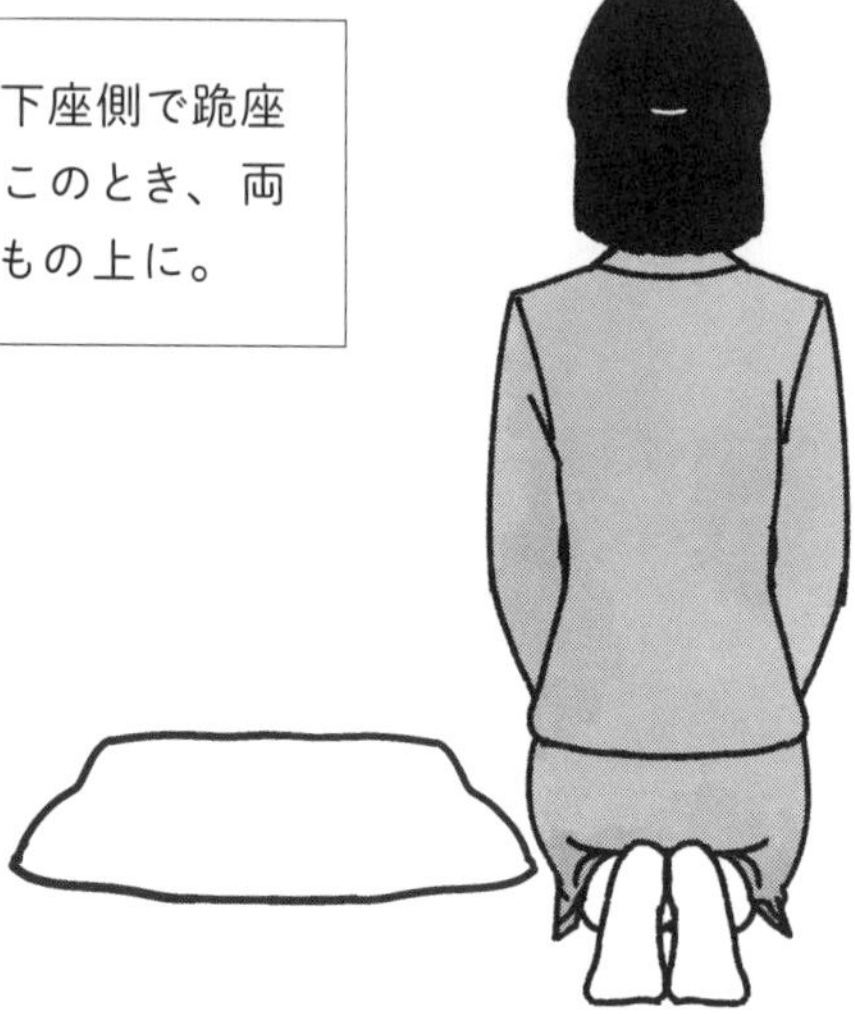

2. 上座の膝を少し浮かせて、下座の膝で押し、45度回って座布団に乗せる。

3. 下座の足から膝で進んで座布団に乗り、座布団の真ん中で正面に向き直る。

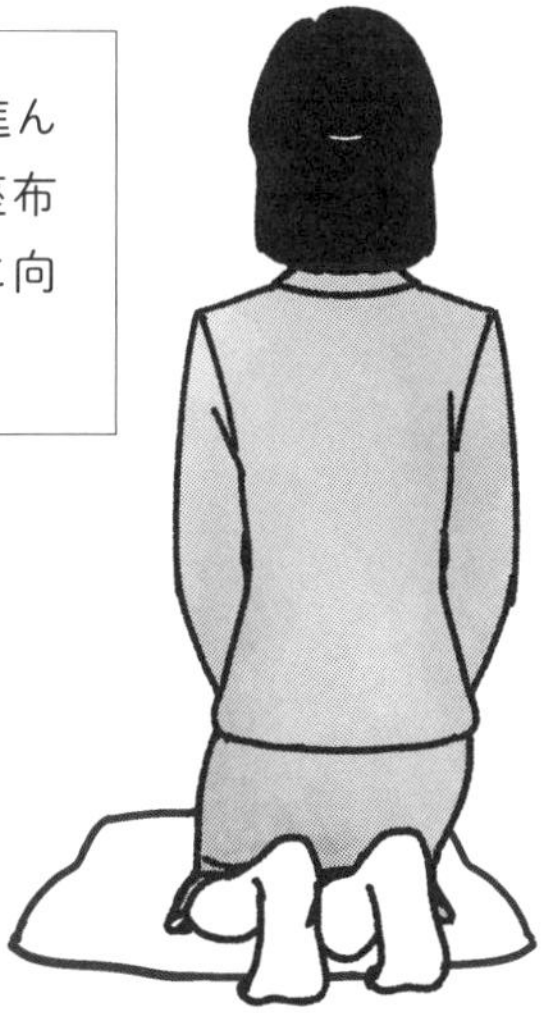

4. 両足を寝かせ、親指だけを重ねて座る。

茶碗の蓋《ふた》の取り方、お茶のいただき方

お茶を出されたら、先方の勧めによって茶碗を手に取ります。ここでは、扱いがややむずかしい、蓋付きの茶碗の扱い方を紹介しましょう。

蓋を取る際には、注意が必要です。蓋の裏にはしずくがついているので、それが畳や座卓、茶托《ちゃたく》に落ちないようにしなければなりません。

親指と人差し指で蓋のつまみを持ち、ほかの指は伸ばして蓋に添えます。手前から向こうに蓋を開け、茶碗のふちに沿って回しながら、徐々に仰向けにし、90度で上を向かせます。蓋が茶碗に張り付いていることがあるので、ここまでの一連の動作はゆっくりていねいに行ってください。カチャカチャ音をたてるのは禁物。蓋をはずしたら膝の上まで引き、そこで持ち替えてから茶碗の下座脇に置きます。

お茶をいただくときは、茶碗が体の左にある場合は左手で、右にある場合は右手で茶碗を取ります。親指を手前、ほかの4本の指を向こうにして茶碗の横を持ち、膝の上にいったん茶碗を持ってきて、膝の上で茶碗の下に手を添えます。背すじをまっすぐにしたまま、体に沿うようにして茶碗を上げる。こうすると、茶碗を体に近いところで扱うので、こぼすなどの粗相のリスクが下がるのです。

茶碗が口元まできたら、お茶をいただきます。口を茶碗に近づけるのは見苦しいので、やめましょう。また、音を立ててお茶をすすらないよう、気をつけてください。

茶碗の蓋の取りかた

1. 茶碗の蓋のつまみを、親指と人差し指で持ち、手前から向こう側に開ける。蓋が茶碗に張り付いていることがあるので、ゆっくりていねいに行う。

2. 茶碗の縁に沿って回しながら、少しずつ仰向けにする。

3. 蓋をはずし、膝の上でいったん持ち直す。

4. 茶碗の下座横に置く。

お茶のいただきかた

1. 親指を手前、ほかの指を向こうにして、茶碗の横を持つ。

2. 膝の上で、茶碗の下に手を添える。

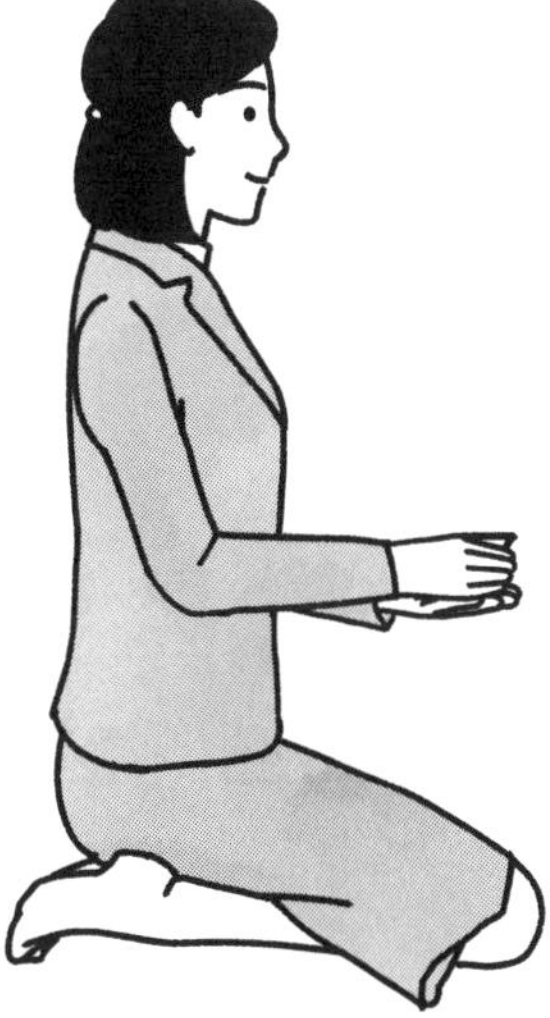

3. 姿勢をまっすぐに、崩さないようにして、体に沿うように茶碗を上げる。こうすると、茶碗を体に近いところで扱うので、粗相のリスクが下がる。

4. 口元まできたら、お茶をいただく。音を立ててお茶をすすらないよう注意。

作法のことば

残心《ざんしん》

動作のしめくくりに心を込めることを、小笠原流では「残心」といい、大切に考えています。「残身」と書く場合もあります。

弓の世界では、矢を放った後の姿勢を残心といい、そこまでのすべての過程が、「矢を放った後の姿勢に映る鏡のようなもの」だと表現されます。弓の稽古をしていると、的に「中たった」「はずれた」という気持ちが出やすいのですが、そうしたことにとらわれるのではなく、すべての一連の動きに対する気持ちを最後まで保たせることが「品格」、弓道でいえば「射格」を表わすのです。

日常生活の中で、「しめくくりに心を込める」とはどういうことか。

たとえば、客人のお見送りをするとき、姿が見えなくなるまでその場にとどまるのは、「あなたと時間を過ごすことができて、楽しかった」という名残惜しさを表すためです。

自分が見送られる立場になって考えてみると、その必要性が理解できるかと思います。訪問先で、別れの挨拶を交わした後すぐに、相手が家の中に入ってしまったら「迷惑だったのだろうか」と心配になるでしょう。

しめくくりを雑にすると、相手の心の中にはその雑な印象だけが残ります。それまでに、いくら礼を尽くしていたとしてもすべて台無しです。ですから、残心が大切なのです。

もっとも、動作のしめくくりだけでなく、すべての動作に心を残すことが重要です。残心の連続が動作になる、といったところでしょうか。

礼法全般に言えることですが、結果のための過程ではなく、過程の中に結果があると考えます。「座る」を例にとると、多くの人は「床に膝をつく」ことを目的にします。するとどうしても、体の軸がぶれてよろけてしまう。しかし、そこに床はなく、もっと下まで下がっていくつもりで座る動作を続けていけば、体の軸がぶれることはありません。

つまり、動作一つ一つをていねいに、完成された形（残心）で行うこと＝過程の中に結果がある、と考えてこそ美しい振る舞いとなり、相手に心が伝わるのです。

第三章

体を強くする

全身の筋肉をまんべんなく使って、強く、疲れにくい体に

「立つ・座る・歩く」といった、小笠原流礼法の基本動作を正しく行うことで、主要な筋肉が鍛えられ、体の芯がしっかりしてきますが、日常のさまざまな動作を行うときも全身の筋肉をまんべんなく使い、動きに応じて重心がぶれないように気をつけることで、より強く、疲れにくい体となります。そうでない動きは、体が強くならないどころか、体を傷めることになりかねません。

ただ、筋肉をまんべんなく使うといっても、長年の生活習慣やしぐさやクセ、悪い姿勢などによって、どうしても偏った使い方をしてしまいます。たとえば立っているときに、利き足だけに重心をかけている人が、多く見受けられます。そうした、悪い姿勢がクセになっていると、やがて骨格がゆがみ、体のあちこちに不具合が生じるでしょう。

かつて、武士は刀を扱うために右手を大事にし、日常生活の中にあって片手で物を持つときには、左手を使うようにしていました。いつどのようなことがあっても対応できるよう、利き手（右手）を空けていたのです。

現代でも、筋肉をまんべんなく使い、体を傷めたり疲れさせたりしないように、意識して利き手の逆の手も働かせましょう。使っていないほうの手にいつでも意識を向けていると、使っていないときでも適度な緊張が保たれ、所作全体が美しく、品格が漂います。

小笠原流礼法では、「体の中心より右にある物は右手で、左にある物は左手で扱う」ことを原則としています。詳しくは後述しますが、体の中央を越えると、使うべき筋肉が違うからです。

このことは、30代小笠原清信が筋電図を用いて実験したところ、明らかになりました。本来使うべきではない筋肉を使う、たとえば右手で扱うべき物を左手で扱おうとすると、筋肉や関節が動きにくく、それが物を落としたり壊したりという粗相につながりかねません。体の動きも不自然になるため、周囲の目には「怪しい動き」と映って不安にさせたり、窮屈な印象を与えて不快にさせたりもするのです。

生き抜くための作法 ⑫

物を持つ

物を持つときに大切なのは、確実に持つこと。物を落として壊すことがないようにするだけでなく相手を不安にさせないためでもあります。手よりも「腰」で持つよう意識して、体の重心が外れないよう心がけましょう。

手でなく「腰」で持つ
重い物は軽く、軽い物は重く

物を扱う、あるいは持つときのポイントは、物を扱うときは「物を手前に引き寄せて」、物を持つときは「体に添わせて」行うことです。いずれも重心が体の真ん中にあるよう、意識します。そうすることが、骨格の構造上もっとも無理のない動きで体に負担がかからず、物を落としたりといった粗相を防ぎます。さらに、物を大切に扱っているように見え、相手に安心感を与えることができる。これも、礼のひとつです。

物を持つときに使うことを意識するのは、手ではなく、腰です。手は物に添えている感じで、腰眼で持ち上げるイメージです。小笠原流礼法では、「重い物は軽く持ち、軽い物は重く持つ」と言います。「重い物は軽く」というのは、腕ではなく腰で持つようにすると、「すごく重たいものでも少ない力で持ち上げられる」という意味。一方、「軽い物は重く」というのは、軽いものを軽く扱おうとすると、動作が粗雑になってしまうので、重たい物のように扱いなさい。そのためには、「軽い物でも腰で持つようにしなさい」、ということなのです。

「蹲踞《そんきょ》」の姿勢で基礎的な筋力をつける

物を確実に持つために必要な腰の筋肉は、礼法の正しい「立ち方」、「座り方」の稽古を続けることで鍛えられますが、さらに強化したい場合には「蹲踞」の姿勢をとるといいでしょう。

蹲踞とは、膝を折って腰を落とした座法で、弓の射手の側に控えている介添がとる姿勢です。相撲取りも蹲踞の姿勢をとりますが、彼らは左右の膝を開いて座るのに対して、小笠原流の蹲踞は膝を閉じるのが特徴的です。

これも簡単そうに見えますが、最初は姿勢がとれなかったり、体がぐらぐらするものです。早くマスターするには、お風呂で体を洗うときに椅子を使わず、蹲踞の体勢で行うといいでしょう。体が温まっているので関節がやわらかく、行いやすいはずです。わずかな時間でも毎日続けていれば、この姿勢を維持できるようになります。

蹲踞

上半身は、背すじをまっすぐ伸ばし、なるべく太ももが短く見えるように座る。手は自然に太もの上に。左右の踵とつま先をつけ、尻を乗せる。むずかしい場合は、踵だけつけるのでもOK。

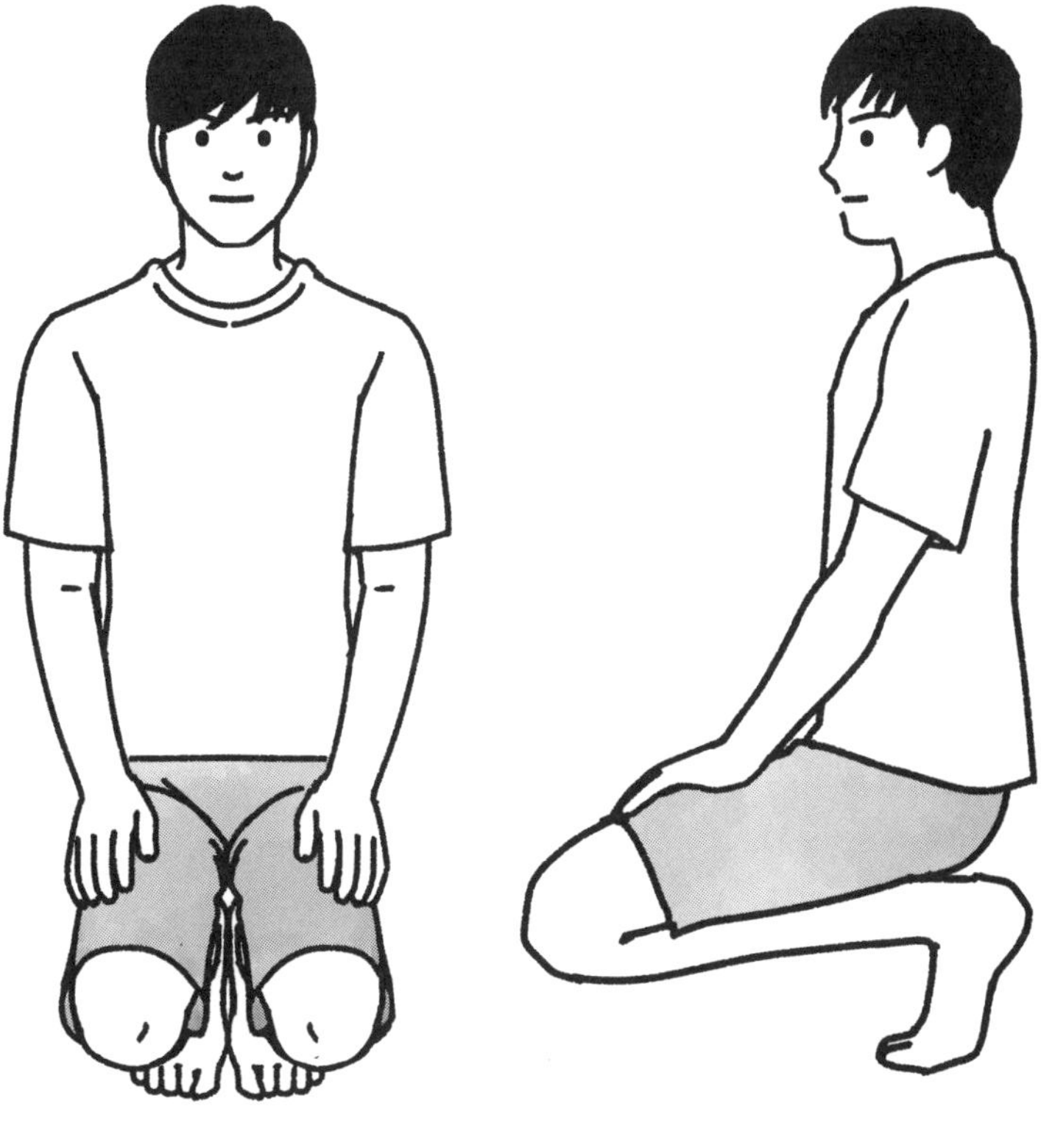

物を持つときの姿勢は大きな木を両腕で抱えるように

物を持つ姿勢の基本は、体の前で腕全体で指先までを丸くする「円相《えんそう》」です。小笠原流礼法では、「円相にして水走り」という言葉で表現しています。

「円相」は、大きな木を両腕で抱えるようなイメージ、「水走り」は、肩から指先までは水がスムーズに流れる角度をイメージした表現です。

物を持つときに肩を使う人が多いようですが、それでは体の外側を使うことになり、重心が不安定になって、しっかり立っていられません。たとえ軽い物でも、持つわけですから、重心が定まっていなければ安全が保たれず、落とす危険があります。

とくに、手先で物を持つしぐさは、人の目に粗雑に映り、物を落とす危険も高まります。前腕を意識しましょう。このとき、肘を真横に向けるのがポイントです。

こうした持ち方をしていれば、重い物でも腰や肩を傷めることなく、二の腕がたるむこともありません。骨格に沿った姿勢なので、合理的で美しい姿勢を保つことができます。

円相

体の前で腕、手のひら、指を丸くした「円相」。上腕(肘から上の部分)を使って、体で持つようにすること。

弓を引く稽古で二の腕の筋肉を鍛える

円相も簡単そうに見えますが、とくに二の腕の筋肉が貧弱だと、なかなか正しい姿勢がとれません。

弓を引く稽古をしていると、自然と二の腕に筋肉がつきます。同じ要領で、トレーニングを行いましょう。

まず、腕を水平に伸ばします。左腕を曲げ、左手を体の前に。このとき、二の腕に力を込めます。伸ばした右腕で、遠くの物を取るようイメージすると、力を込めやすいでしょう。肩甲骨を寄せて、弓を引くイメージで肩甲骨を寄せます。元の姿勢に直り、今度は右腕を曲げて、同様に。左右交互に、数回行います。

この運動は、二の腕の筋肉を引き締めるのと同時に、こわばった肩甲骨が緩み、胸が開くので、肩や背中のこりを解消したり、背中のぜい肉をとったり、バストアップにも有効です。

二の腕を鍛える運動

腕を水平に伸ばし、左右交互に曲げる。

肩を下げ、肘を上げて腕を伸ばす。伸ばした腕で、遠くの物を取るようイメージすると、力を込めやすい（肩や体を動かさずに腕で取るイメージ）。肩甲骨を寄せ、曲げた腕を引く。弓を引くイメージで。

物の「持ち方」は4通り 重さや、渡す相手によって変える

物の持ち方は、持つ物の大きさや重さ、持った物を渡す相手との関係性によって異なります。

小笠原流礼法の物の持ち方は、「目通り」「肩通り」「乳通り」の3通りです。なぜ、その持ち方をするのか、その理由を理解し、使い分けることができると粗相が避けられますし、相手に対して礼を失することもありません。理由は、それぞれ以下のとおりです。

「目通り」は、物を目の高さで持つことで、神棚へお供えする供物を捧げ持つ場合の持ち方。神様への供物など尊い物は低い位置で扱うと失礼にあたるからです。賞状も、「目通り」で持ちます。

「肩通り」は、お茶や料理などを運ぶ場合の持ち方。自分の息がかからないようにという意味から、肩の位置で持つのです。

「乳通り」は、本やペンなど、一般的な物を受け渡しする場合などの持ち方です。目下には乳よりやや低めで持ってもいいですが、より安定して持てるのは「乳通り」でしょう。

この3通り以外にもう一つ、名称はありませんが、重たい物や下に敷く物を持つ場合の持ち方があります。

4通りとも、持つ姿勢は「円相」です。「目通り」の場合、肩が上がりやすいので、肘をやや伸ばすようにします。「乳通り」は力が抜けるように感じるので、「円相」を体に近づけ、やや潰すようなイメージで持ちます。

物を持つ姿勢

肩通り：お茶や料理を運ぶお盆などは、息がかからないようにするため、肩の高さで腕を地面と平行に伸ばして持つ。

目通り：賞状や、神棚へお供えする供物を捧げ持つ場合は、目の高さで持つ。

姿勢の名称はないが、重い物など、腹の高さで持つ。

乳通り：本など、一般的な物は、胸の高さで持つ。

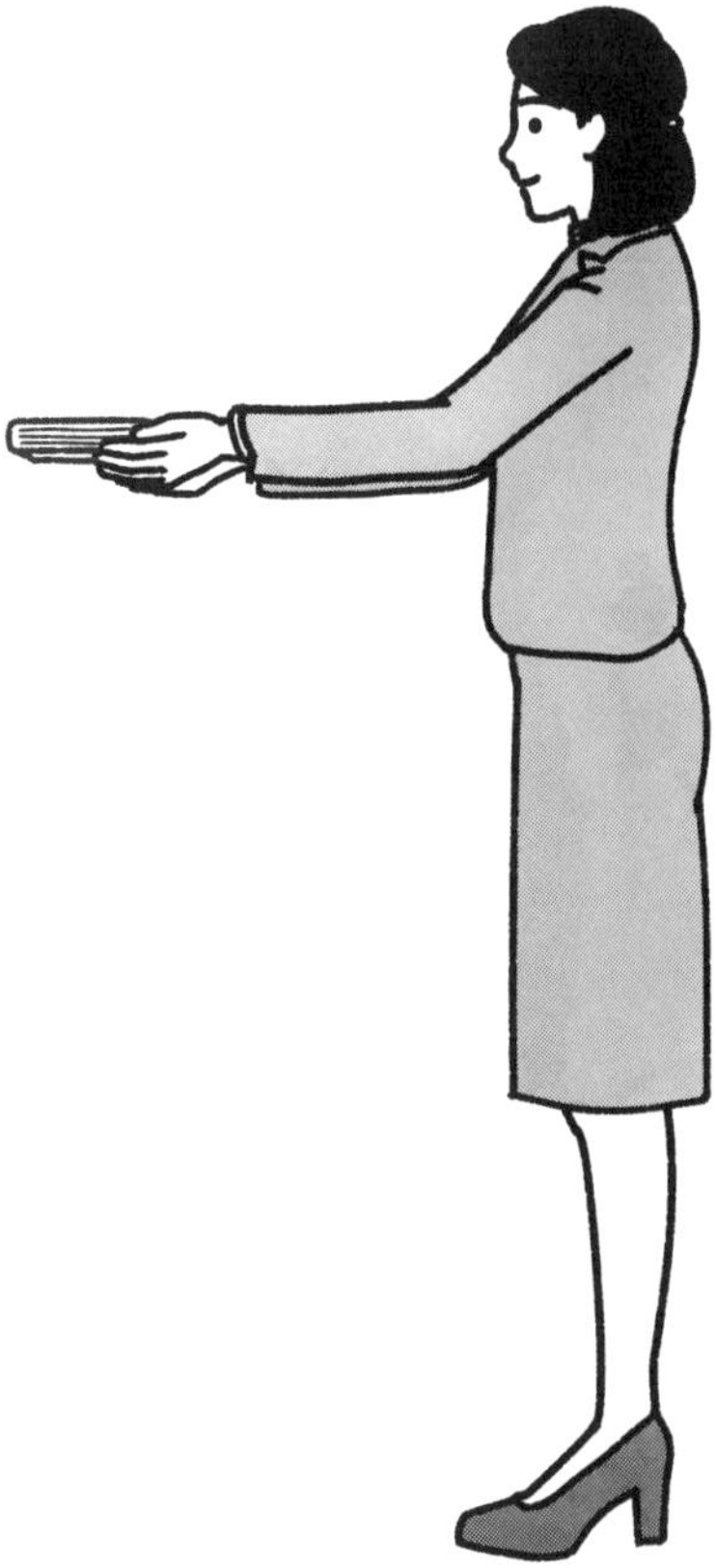

手荷物は持っていないように、持つ

通勤、通学、買い物など、カバンなどの手荷物を持って移動する機会は多くありますが、いつも同じほうの手や肩でばかり荷物を持っていると、体がゆがんでしまいます。

どんなタイプのカバンを持つ（肩から掛ける）にしても、姿勢が崩れないように持ち、左右交互に持ち替え（掛けか替え）ながら持つよう心がけましょう。

なお、手に提げた荷物に振り回されずに姿勢を保つコツは、物を「持っていないように、持つ」ことです。小指だけをギュッと握り締め、それ以外の指は添えるイメージです。

親指で握り締めると、荷物のカバンの持ち手をいかにも握っているように見えますが、小指だと、握っている感がありません。しかし、小指を使うほうが姿勢が安定します。

実際にやってみるとわかりますが、親指で持ち手をぎゅっと握ると肩を使うことになるのですが、小指で握り締めると、二の腕の筋肉や背筋を使うので、より姿勢を保つことができるのです。

手荷物の持ちかた

小指だけをぎゅっと握りしめ、
それ以外の指は添える感じに。
小指を親指の付け根で挟むイ
メージ。

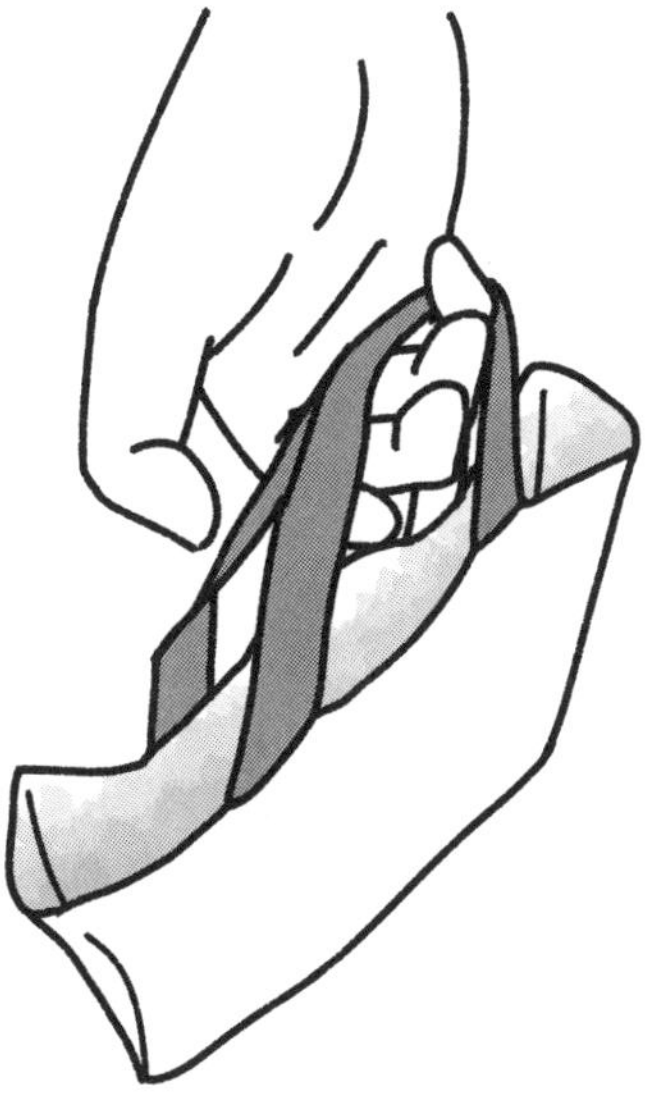

生き抜く
ための
作法
⑬

ドアの開け方、閉め方

右の物は右手、左の物は左手で扱ういい練習になります。重要なのは、ドアを開けて閉め終わるまで手をドアの取っ手から離さないこと。粗相をしないため、怪我をしないためです。

ドアノブから手を放さず、閉め終わるまでていねいに

ドアを乱暴に開け閉めすることは、粗雑に見えますし、とくに訪問先では非常に失礼です。また、自分の怪我を防ぐためにも、開け閉めの作法を身につけておきましょう。

ドアの開け閉めは、ともすると利き手だけを使って行いがちですが、たとえば右手だけでやろうとすると、どこかで体をひねらなくてはなりません。もしくは、後ろも見ずにドアノブを手から放したり、後ろ手で閉めることにもなるでしょう。それは、粗相につながるだけでなく、後ろに続いて入る人がいる場合、とても危険です。

ドアノブが右側についていたら右手で押し（あるいは、引き）、途中まで開いたら左手に持ち替えて、部屋に入ったら内側のドアノブを右手で持ってドアに向き直り、左手で閉めます。この一連の動きが、体にもっとも無理がなく、美しいのです。いちいち持ち替えるのは面倒かもしれませんが、その「いちいち」が体がねじれや歪みを防ぎます。

重要なのは、ドアを開けて閉め終わるまで、手をドアノブから放さないこと。非常階段のドアのように、手を放した瞬間、勢いよく閉まることもあるからです。

ドアの開けかた、閉めかた

1. ドアのノブが右にあれば、右手で持ってドアを開ける。

2. 開けながら左手に持ち替えて、中に入る。

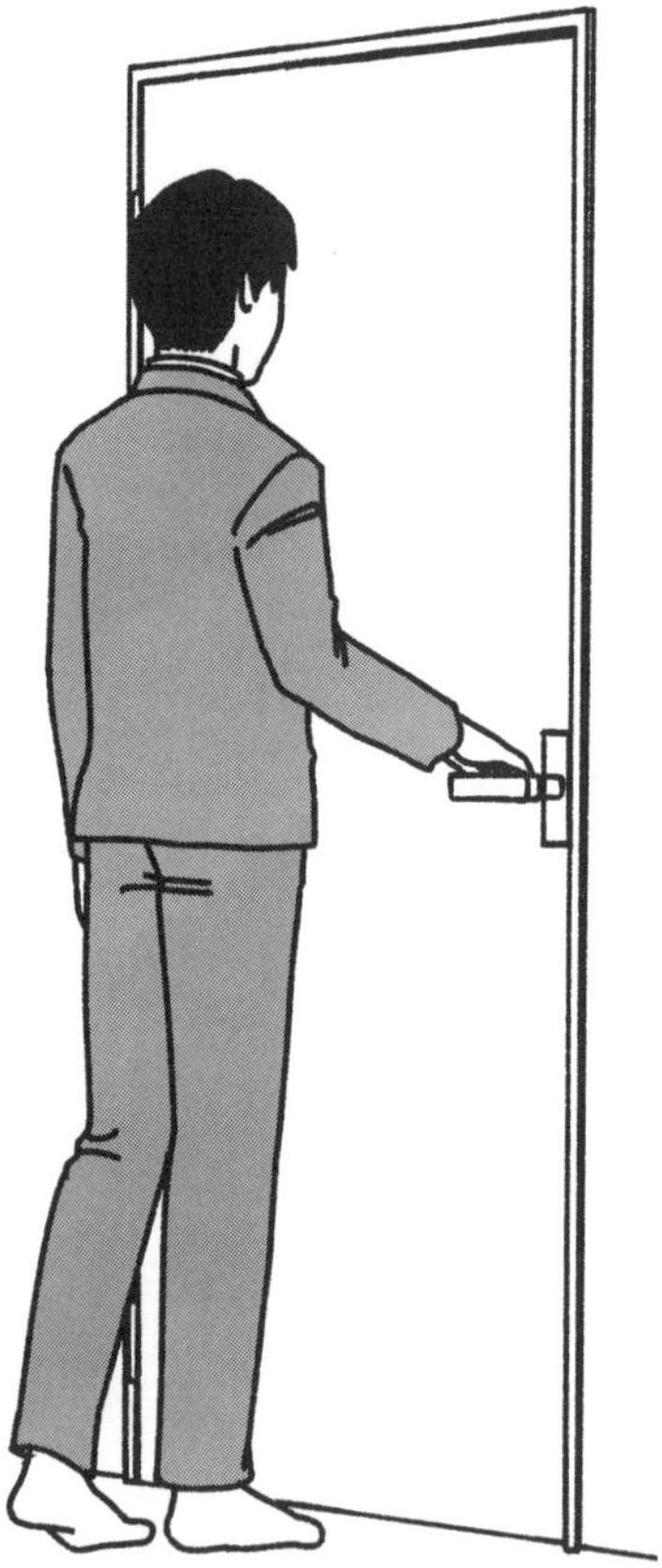

3. 部屋の内側のノブを右手で持ち、ドアに向き直る。外のノブを持っていた左手を離す。

4. ドアに体の正面を向けて持ち替え、左手で閉める。ドアを開けてから閉めるまで、ノブから手を離さないように。

生き抜くための作法
⑭

引き戸の開け方、閉め方

自然の素材でできていて、なおかつ軽い襖や障子の引き戸は、よりていねいに扱う必要があります。中にいる人たちに失礼のないよう、心を配ることも大切です。

戸が体の中央まできたら引き手を反対の手に持ち替える

自宅に和室を持たない人も増えたため、和室での作法を知らない人も多いでしょう。しかし近年、日本文化を見直す機運が高まっていますし、海外の人たちも非常に関心を持っています。いざというときのために、和室での作法を身につけておきたいものです。

引き戸を右に開ける場合は、戸の引き手は左側にありますから、そこに左手をかけ、戸を少し開けて手の入るくらいの隙間をつくります。そして、その手を引き手のやや下に持ち替えます。襖や障子には下から3分の1あたりに引き手がついていますが、そこよりもやや下に手を掛けたほうが、無理なく静かに、滑らかに開閉できます。このことを覚えておきましょう。

持ち替えた手で、戸が体の中央にくるまで横に押し開き、中央まできたら右手に持ち替えて開いていきます。閉めるときは、逆の動作で行います。

人間の手は、横に動かしたとき、体の中央までは同じ筋肉が働きますが、中央を過ぎると変わってきます。したがって、体の中央で左手を右手（あるいは右手を左手）に持ち替えるのが自然な動きで、体を傷めることなく、かつガタガタと音を立てるような粗相をせずに、戸の開け閉めができるのです。

なお、障子や襖は和室用の戸です。和室の中にいる人たちは、基本的には畳に座っているので、中に入る際に立ったまま戸を開けようとすると、その人たちを見下ろしてしまうことになります。それは失礼にあたりますので、低い姿勢で開け閉めします。

座って引き戸を開け閉めするときも、手を持ち替えるのは同じです。

戸の正面で跪座になり、引手に近い手を引き手に掛け、手が入る分だけ開けます。引き手に掛けた手を戸の親骨（戸の枠の部分）に沿って下げ、下から10センチのところを持ち、体の中央までできたら反対の手に持ち替えて、残り半分を開けます。中にいる人たちに軽く会釈し、下座の足から立ち、敷居を踏まないように下座の足から入ります。

敷居を踏んではいけないのは、そこは床ではないからです。敷居と柱は連結していて、家を支えている重要な構造の一部。そこを踏みつけていると敷居がゆるんだり、ゆがんだりして引き戸の滑りが悪くなり、敷居の下でつながっている床の根太（補強部材）を傷めてしまうのです。さらに進めば、天井が下がってくることもあり得ます。

ちなみに、小笠原流礼法では「畳の縁を踏んではいけない」とは言いません。なぜなら、畳の縁は、傷んだら張り替えることができるので、踏んだとしてもさほど大きな問題にはならないからです。しかし、敷居のように家を支える構造がゆるんだりゆがんだりしたら、これを直すとなると大掛かりな改修が必要になるでしょう。

敷居を踏まないのは、家を大切に扱う、訪問先でもその家を大事にするということですが、背後にはそのような合理性があるのです。

立ってのく引き戸の開けかた

1. 右に開ける場合、左手を引き手にかけ、指が入る分だけ少し開ける。

2. 左手で引き手のやや下を持ち、体の中央まで開ける。

3. 右手に替え、前と同じ部分を持って、体が通る分だけ開ける。

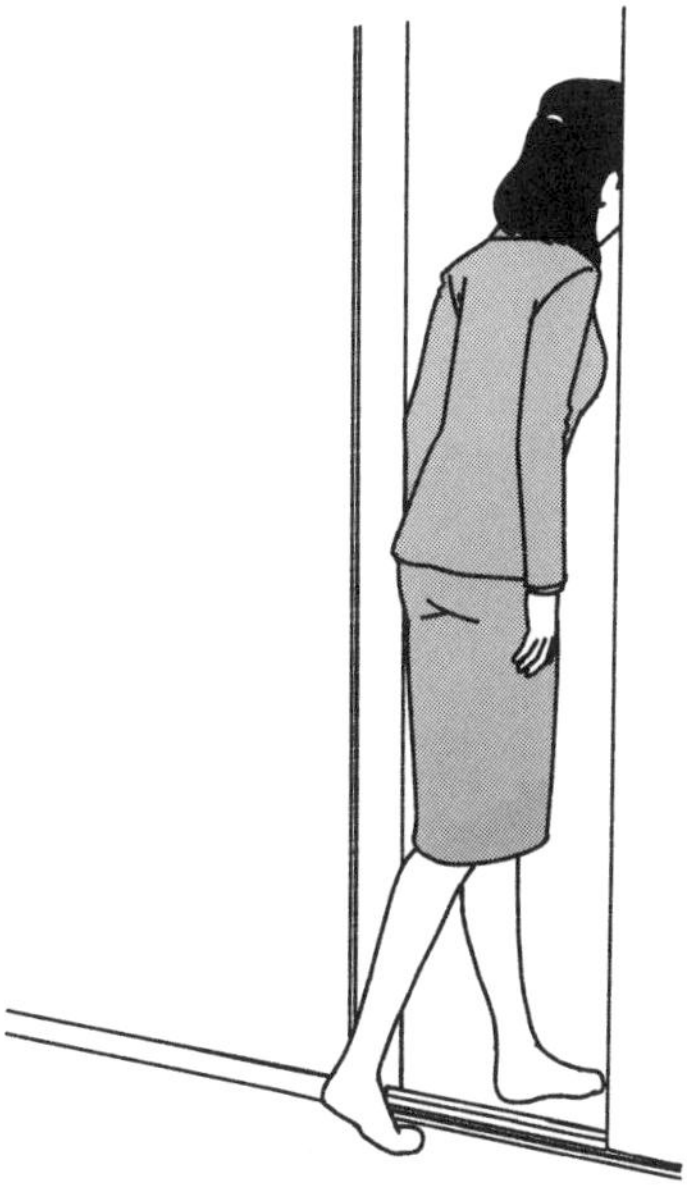

4. 繪着し、下座側の足から入り、敷居を踏まないように、上座に尻を向けないように回って、戸に向き直る。

座っての引き戸の開けかた

1. ふすまの正面で跪座になり、引き手に近い手を引き手にかけ、手が入る分だけ開ける。

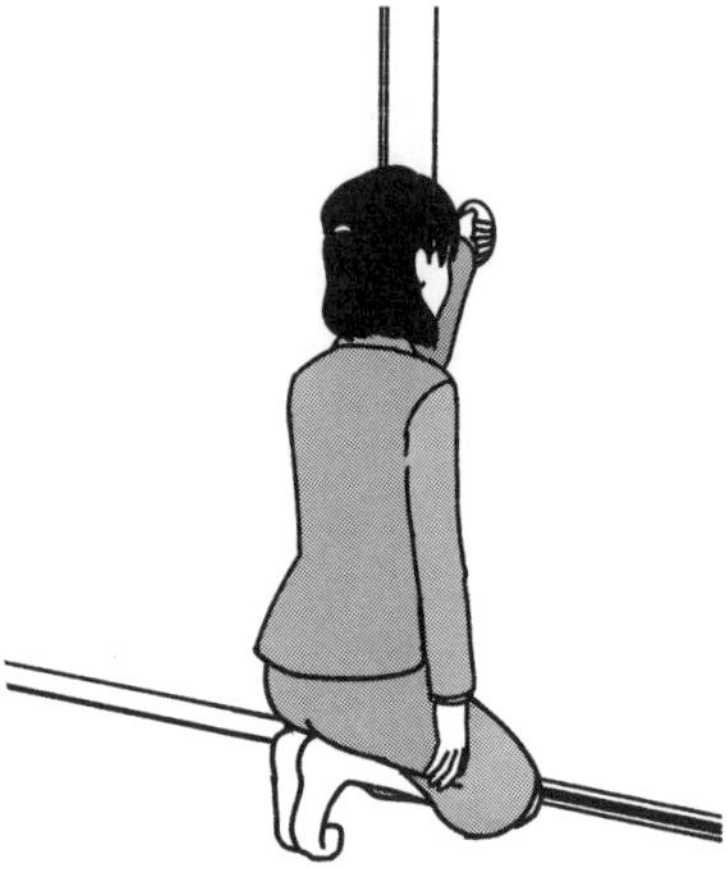

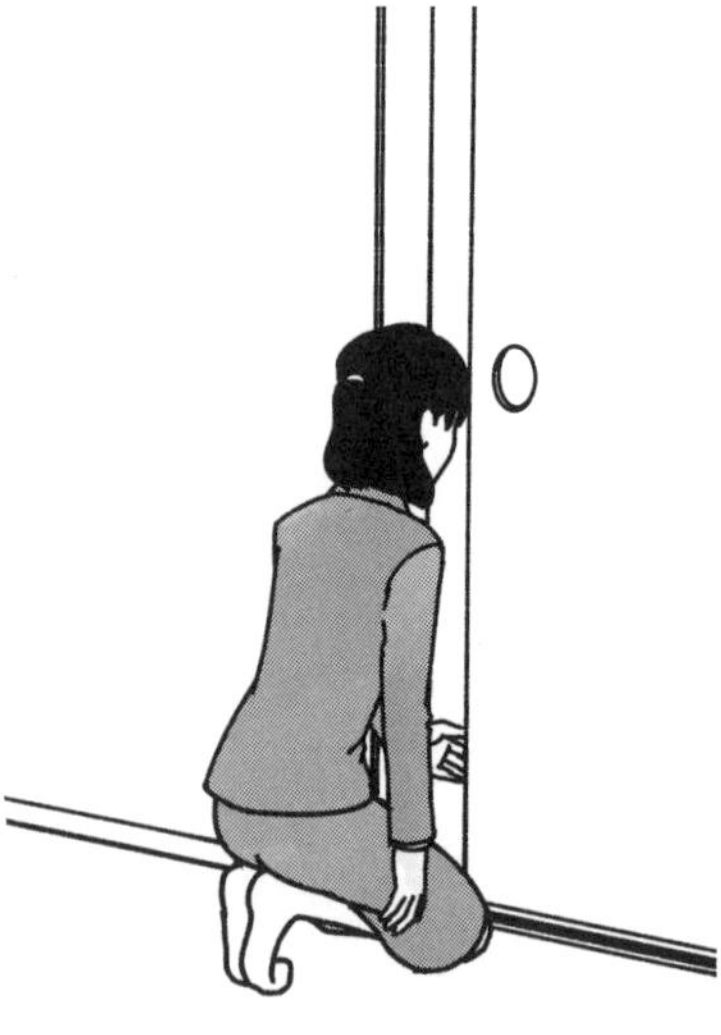

2. 引き手にかけた手を親骨（ふすまの枠の部分）に沿って下げ、下から約10センチのところを持って体の中央まで開ける。

3. 手を替えて反対の
手で親骨を持ち、
残り半分を開ける。

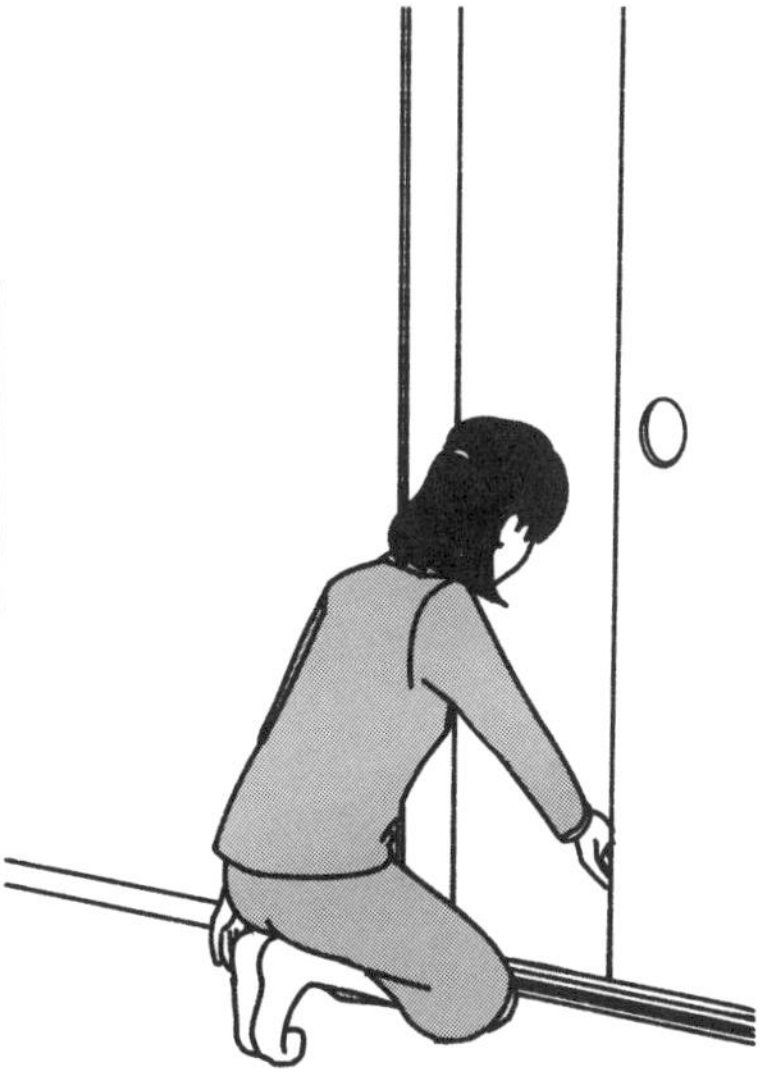

4. 軽く会釈し、下座の
足から立って、敷居
を踏まないように下座
の足から入る。

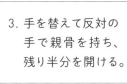

客人を案内するときでも、自分が先に部屋に入る場合がある

お客様を室内に案内する際の作法も覚えておきましょう。

和室にお客様をご案内する場合は、中央2枚の襖を開け、そちらからお客様をお通しします。まず、上座の襖を開いてから下座の襖を開き、下座に跪座で控えてお客様をご案内しましょう。その後、自分も内に入って襖を閉めます。

室内に、すでにお客様がいらっしゃって、自分だけが入室するときは、下座の襖から出入りをしましょう。このとき、立ったままで襖を開閉すると、内で座ってお待ちになっているお客様を上から見下ろすような格好になるので、跪座の姿勢で開閉するようにします。

洋室にお客様をご案内する場合、引いて開くタイプの扉では、扉の外でお客様をご案内しましょう。扉に近い手でノブを持ち、外に控えてお客様を先に室内にご案内します。

押して開くタイプの扉の場合は、先に自分が入って、内でお客様をご案内しましょう。ノブが右手にあれば右手で開けながら左手に持ち替え、内側のノブを右手に持ちながら廻ってご案内し、扉を閉めます。こうすれば、お客様に背を向けることなくご案内できます。

ノブが扉の左にある場合は、ノブを左手から右手に持ち替え、お客様をご案内してから、左手で閉めます。

お客様のご案内（和室）

和室にお客様をご案内する場合は、中央の襖からお通しする。まず上座の襖を開いてから、下座の襖を開き、下座に控えてお客様を先にご案内し、自分も入って襖を閉める。

お客様のご案内（洋間）

洋室にお客様をご案内する際、引いて開ける扉の場合は扉に近い手でノブを持ち、外に控えてお客様を室内へ、先にご案内する。

押して開く扉の場合は、自分が先に入り、室内でお客様をご案内する。

開きながら廻って反対の手で、内側のノブを持ち、お客様をご案内してから扉を閉める。

「疲れた」と思ったときが閾値《いきち》をもうひとつ上げるチャンス

「つらく苦しい時期を耐えに耐え、そこを突き抜けた瞬間、それまでのレベルをはるかに超える境地に達していた……と」いう話を、スポーツ選手のインタビューなどでよく耳にします。限界だと感じつつ、もうひとつとがんばりしているうちに、飛躍的な成長を経験したというのです。

流鏑馬の稽古でも、「疲れたときから稽古が始まる」とし、限界を超える鍛錬をすることがあります。

日常、小笠原流の教場では馬ではなく木馬を使って稽古をします。木馬にまたがり、帯に挟んだ矢を抜いて弓につがえ、力いっぱい弓を引いて的を狙い、最後に矢を放つ。こうした稽古を繰り返していると、そのうち腕にも腹にも腿にも力が入らなくなり、弓を構えることさえできなくなってしまいます。

しかし、その時点でやめてしまうと、さらなる高みに達することはできません。限界＝力を使い果たした状態だからこそ、その先は力では動かなくなり、技が冴えて、よい稽古ができるのです。

礼法の稽古も、初めのうちは筋力が足りず、なかなかうまくできないでしょう。でも、「もう無理」と思ったときが、閾値をアップさせるチャンスです。自分を甘やかさず、あともうひとふんばりして、やり遂げる。その積み重ねで体は強くなり、心も丈夫になっていくのです。

作法のことば

物に乗る心持ち、物に奪われる心持ち

物を持つとき、バランスをとろうとして体が反ってしまうことは、ありませんか。小笠原流ではその状態を、「物に奪われる」と言います。その反対に、何を持っていようと、物の存在にかかわらず体勢は何も変わらない状態が「物に乗る」。

何かをしようとするとつい、何かに心を奪われがちになりますが、そんなときでも自分の本質を忘れてはいけない、という教えです。

弓を引くとき、「的を自分に入れていきなさい。的に自分を合わせてはいけない」と教えられます。物に乗る、物に奪われるとは、その感覚に近いかもしれません。どんなことがあっても、自分を見失うことなく、周りの状況に惑わされてはいけない。そうした武士の振る舞いや心の持ちようは、現代社会においても、とくに今のように、いつ何が起こるかわからない状況の中では非常に大切です。

突然、仕事の環境や家庭の事情が変わるなどして、心が揺れることもあるかもしれませんが、1章で紹介した膝行・膝退のような、意識を集中させて行う作法を稽古しましょう。動作を呼吸に合わせ、手足の先まで意識を行き渡らせるうち、心が平らかになっていきます。

「物に乗る心持ち、物に奪われる心持ち」の「物」を、「周りの人」「環境」「状況」に置き換えて考えることもできます。

今は、物事をあまりにも相対的にとらえてしまう傾向が強いような気がします。「相手に比べて〜だ」とか、「誰々がこう言ったから、〜だ」などと、つねに周りを気にして、それに自分を合わせようとしてしまう。その結果、気疲れし、周りに振り回されるうちに自分を見失ってしまうのです。

しかし、自分という絶対的なものがあってこそ、相対的に物を見たり考えることができるのです。周りの人、環境、状況に惑わされそうになったら、自分の中の絶対的なものを見つめ直し、整えましょう。

私は、自分の中の絶対的なものとは、呼吸であると考えます。呼吸は通常、一定ですが、緊張をすると息が荒くなります。それはすなわち、絶対的なものが乱れたということなので、まずは呼吸を整え、一定にする。そうすることで、心も平静を取り戻すことができます。

第四章

心を強くする

体も意識も「今」に集中することで、何事にも揺るがない心に

小笠原流礼法は、武士が武士として生き抜くために不可欠な、心身の鍛錬法を体系化したものです。

戦《いくさ》は、いつ起こるかわかりません。ですから、平時にも、いざというときに備えておく必要がありました。そのために、日々の生活においても一瞬一瞬を鍛錬の場とし、姿勢や動作のひとつひとつを正確に行ってきたのです。

いつ戦に駆り出されるかわからない武士にとって、「死」はいつも身近にありました。朝、目を覚まし、「ああ、生きている」と安堵する。一日一生の覚悟で生き抜く日々に、過去を悔いたり未来を憂える暇はなかったでしょう。ですから、武士はつねに「今」を生きていたのです。

では、現代に生きる我々が、なぜ武士のような心持ちでいられるように鍛錬する必要があるのか。過去や未来のことに心を奪われると、それが隙《すき》となり、けがや事故のもとになるからです。

実際のところ、けがや事故、失敗を起こしやすいのは、就職や結婚などといった人生の節目となるような大きなイベントがあったときだと言われます。気持ちがよそ見をしていて注意力が散漫になる、あるいは過剰に保守的になるなどして、隙ができるからでしょう。

気持ちはいつも、体の中心である腹、具体的には「腰からへその奥、その下あたり（丹田）」に少し力を込めるようにして、そこに気持ちを集中させましょう。そして、むやみに感情に振り回されぬよう、「今」に集中することが大切です。

近年、「マインドフルネス」が注目され、話題になっています。マインドフルネスとは、過去や未来ではなく「今、生きている瞬間だけ」「今、ここにある、たった一つの作業だけ」に意識を集中させ、そこには、善悪の判断や先入観などをいっさい入れず、ありのままの現実や心の状態を受け入れることです。

フェイスブックやグーグルといった世界トップクラスの企業が、「集中力が高まる」「感情をコントロールできるようになる」として、瞑想などのプログラムを研修に取り入れたことから、ブームに火がついたようです。

「今」に集中するということで言えば、礼法の稽古はまさに、マインドフルネスでしょう。ここまでに紹介した動作や作法を稽古を通して、自然と「今」に意識を集められるようになります。

瞑想ももちろんよいと思いますが、礼法の稽古は、生き抜くためのさまざまな力――無駄のない動き、次の動きに映りやすい姿勢と、それらを実現する筋力。周りの雑音や感情に翻弄されない自分を保つ精神力。組織の中で、調和を乱さない礼節。敬う心を示し、きちんと伝える態度――を養うことを目的としています。

この章では、日常生活の中であまり意識を向けることがない「呼吸」や「食べる」ことについて、正しい動作や作法を学びます。

意識して意識を向ける、それが「今」を生きることにつながります。

生き抜くための作法 ⑮

呼吸

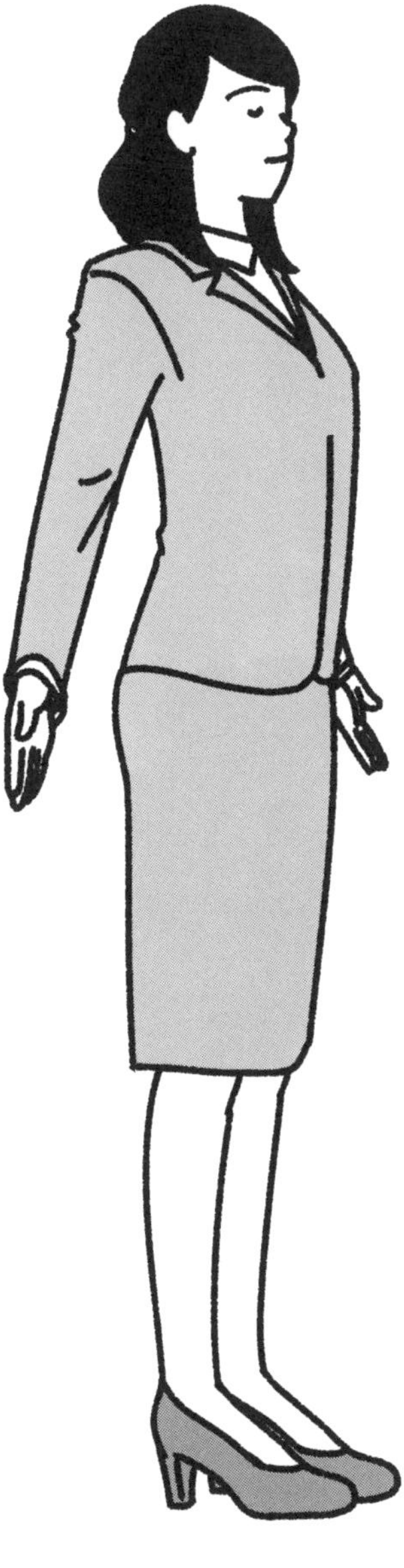

ふだん意識することのない呼吸を、意識的に「意識して正す」ことで徐々に心が整い、強くなり、何事にも動じなくなるでしょう。ポイントは、腹式呼吸です。

浅い呼吸ではなく深い呼吸を心がける

息を吸ったり、吐いたりすることは、この世に生まれ出た瞬間から、意識もせずにし始めることです。呼吸の正しいやり方を、誰からも教わることがありません。

小笠原流礼法では、「深く、ゆっくりした呼吸」が基本です。

呼吸が浅くなると体が酸欠状態になり、疲れやすく、さまざまな不調が生じます。心も乱れます。

心が乱れると、呼吸はさらに浅くなります。強いストレスを感じたり、緊張しているときに「はっ、はっ」と息が短くなっていることに気づいた経験は、ありませんか？　そうしたとき、誰かに「深呼吸をしましょう」と言われなかったでしょうか。

たしかに、深く呼吸をしていると乱れた心が整ってきます。脳や体に新鮮な酸素がたっぷり行き渡るのでよく働くようになり、仕事も勉強もはかどるようになります。礼法も、正しく行えるようになるのです。

「深い呼吸」とは、腹を使って行う腹式呼吸のことをいい、基本的には「ゆっくり鼻から吸い、ゆっくり鼻から吐く」。空気は体の奥を通して、腹に収め、吐くように意識します。

実際に空気が入るのは肺ですが、腹に収めるイメージで行うことで、浅い呼吸のときよりも肺の隅々まで空気を入れ、肺を大きく使うのです。

大事なプレゼンの前、試験の前など、とくに心を鎮めたいときには、よりゆっくり行うとよいでしょう。

毎日、時間に追われてせわしなく動き、ストレスにさらされていると、呼吸はどんどん浅くなります。意識して腹式呼吸を行うようにしましょう。1回でなく数回、繰り返します。

そして、徐々にその時間を増やし、浅い呼吸をしている時間と深い呼吸をしている時間を逆転させていき、ゆくゆくは、「意識せずともつねに深い呼吸をしている」ことを目指しましょう。

すべての動作は呼吸に合わせて行う

小笠原流では、「呼吸に動作を合わせる」ことを大切に考えます。自分の呼吸に合わせて体を動かすと、動きに無理が生じないからです。

たとえば、お辞儀をしようと上体を前に倒すとき、つい背中が丸くなりがちです。しかし、息を吸いながら上体を倒していくと、自然と背中が伸びます。そのほか、あらゆる動きを呼吸に合わせると、見た目にも美しい姿勢が保つことができ、それが品格につながります。

また、一定のリズムで繰り返される呼吸に合わせれば、体を動かすときに勢いをつけたり、体の一部によけいな力を入れなくても、よどみなくスムーズに動けるようになります。そうすれば体に負担をかけることがなく、疲れたり、けがをすることもありません。

自分だけでなく、他の人と呼吸を合わせることも大切です。

性別や年齢、国籍が違っても、人間の呼吸のリズムはほとんど変わらないそうです。つまり、人間は誰とでも息を合わせられる＝感じ合える可能性があるのです。

相手と息が合えば、そこには調和や一体感が生まれ、初対面でも心が通い合う感じがするものです。

生き抜くための作法 16

食事の心得

「礼は飲食に始まる」と言います。毎日三度の食事を正しい作法でいただくことが、すべての立ち居振る舞いを正しく身につけることにつながり、周囲の人とも、よい関係を保てます。

まずは、箸を正しく使えるようにするポイントは、箸の下のほうを持たないこと

最近は、大人でも箸を正しく扱えない人が多いようです。

どのような使い方をしても食べられるのだから、正しい、正しくないは関係ないと思うかもしれません。しかしながら、今は海外の方たちも箸を使う時代です。古来、箸を使ってきた日本人として、恥ずかしくないよう、ぜひ正しい箸の持ち方、扱い方を覚えてください。

まず、箸の正しい持ち方ですが、上の箸は親指と人差し指、中指の3本で持ち、下の箸は薬指の爪のあたりに乗せ、支えます。鉛筆を持つつもりで箸を1本持ち、その箸の下にもう1本差し込んでみてください。そうすると、正しい持ち方になります。

昔から「箸先一寸」と言われ、箸先はなるべく汚さないことが大切です。使う範囲は箸先から3センチ以内、と意識して食べるといいでしょう。食べ方が自然と美しくなり、また、食べ物を少ししか挟めないので、食べすぎを防ぐこともできます。

食べるということは、生命の糧をいただくことです。席についたらまず、「いただきます」

と挨拶をし、感謝の気持ちを表す一礼をします。食事が終わり、席を離れるときは「ごちそうさま」と挨拶をし、ふたたび一礼を。

「いただきます」「ごちそうさま」の際に手を合わせるのは、宗教に由来するしぐさです。小笠原流では、それよりも、感謝の気持ちを込めて一礼することを大切にしています。

正しい箸の持ちかた

上の箸は親指と人差し指、中指の3本で持ち、
下の箸は薬指の爪のあたりに乗せ、支える。

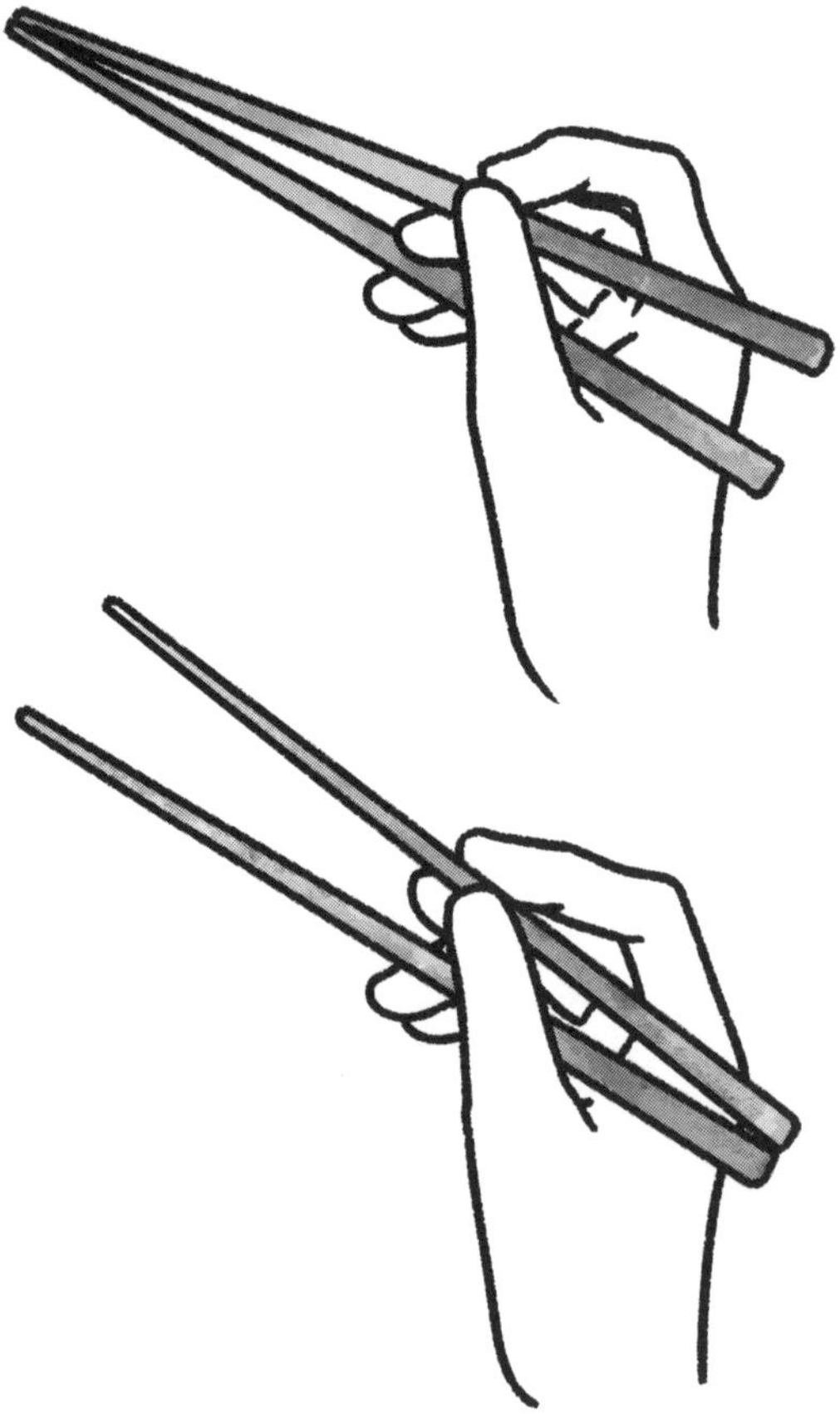

箸のかまえかた

1. 右手のひらを下向きにして箸の中ほどを取り、いったん膝の上に寄せる。下から左手を添え、背すじを伸ばして正しい姿勢になる。

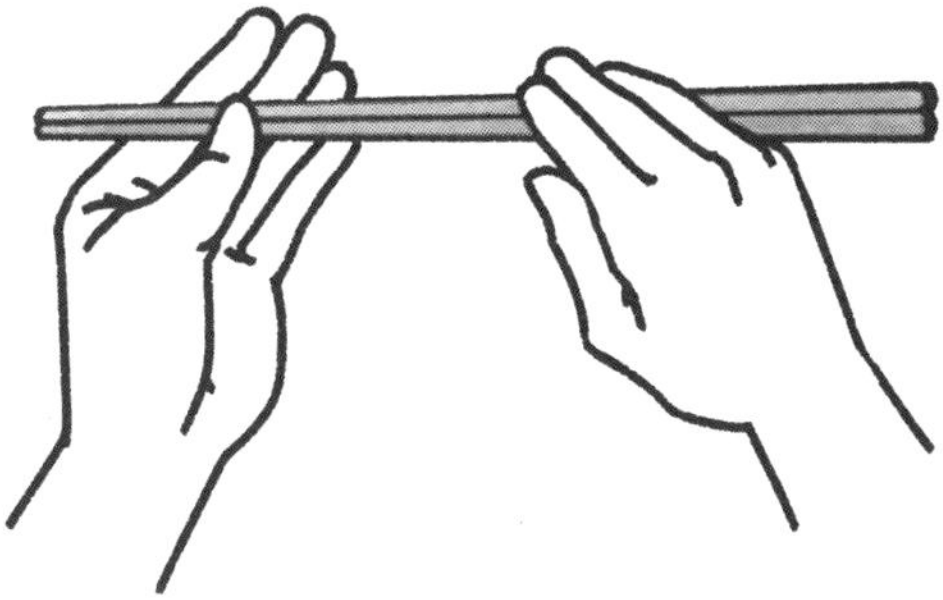

2. 右手を箸をそって下へまわし、持ち直す。筆を持つような感じで、中ほどを深く握らずに持つ。

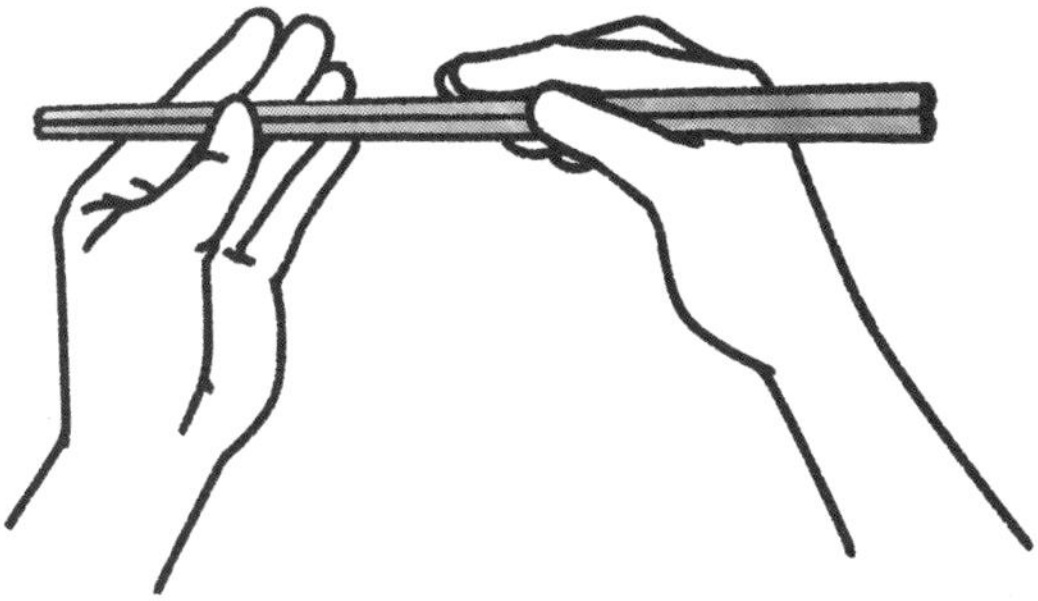

3. 上の箸は、親指と人差し指、中指で挟み、薬指の爪のあたりで下の箸を支える。親指を支えにして中指を動かす。

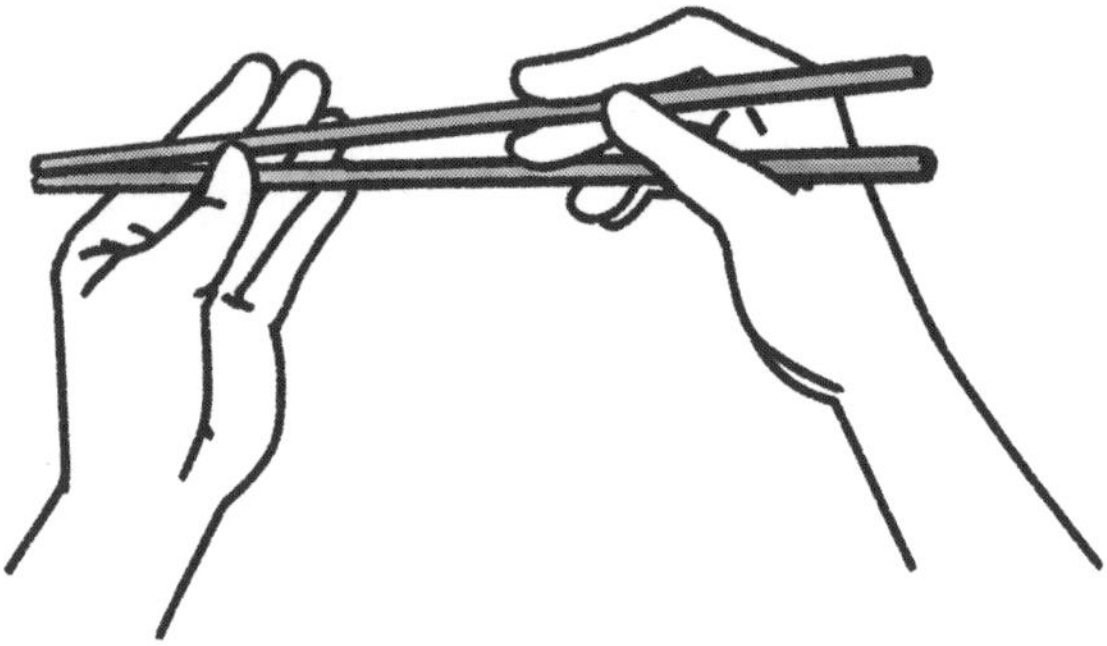

4. 食事中は、箸先をお膳の中にして、右ふちにかけておく。箸全体を下に置くと、食事の終わりを意味する。

体に無理のない動きを心がけ、周囲の人と気持ちよくいただく

食事の作法というと、堅苦しい印象を抱く人も多いかと思います。しかし、食事の作法は単なる「型」ではありません。食事をともにする人にも気持ちよく、おいしくいただけるようにするために、作法が必要なのです。

以前より、自宅で過ごす時間が増え、自由な食べ方をしている人も多いのではないでしょうか。しかし、社会人となれば、在宅ワークがメインであったとしても、きちんとしたマナーが求められる場面はあるでしょう。ふだん気ままな食べ方をしていると、そういうときに必ず露呈します。だから、正しい食事の作法を身につける必要があるのです。

たとえば、食事中に口を開けることがマナー違反とされるのは、「口から食べ物が飛び出す様子」を見て、それを心地よいと感じる人はいるでしょうか。くちゃくちゃと噛む音も、非常に耳ざわりです。

食事をともにする人を不快にさせる行為は、慎みましょう。その意味では、昨今の「新しい生活様式」の食事についての注意は、本来の食事の心得に近いかもしれません。

右にある物は右手、左にある物は左手で必ずごはんを挟んで食べる

料理は、食卓に向かって左がごはん、右に汁、中ほどに香の物、向こう側に肉や魚などの主菜、野菜の料理がくるように置きます。

器を手に取るときは、体の中央より右にある物は右手で、左にある物は左手で扱います。無理をして、右にある物を左手で扱うと、袖口やひじを器に当てて、料理をこぼしかねません。

食べる順番も大切です。箸がまえをしてごはん茶碗を取り、ごはんをひと口食べる。次に汁椀を取り、汁を吸って、実を食べます。肉や魚を食べるときは、その前に必ず、ごはんをひと口食べるようにします。ごはん－汁物－ごはんを食べた後、おかずを食べ、次にごはんを食べるように。

おかず－おかずと、続けて食べるのはやめましょう。先に食べたものの味が混ざるのを避けるためです。ごはんとおかずを交互に食べ、口の中でさまざまな味が混ざらないようにいただくのが、料理のおいしさを味わい、食材や、作ってくれた人に感謝することになる、と考えるのが日本の食文化なのです。

食事のいただきかた

器は、膝元に寄せて、体に沿って胸の高さに持ち上げて食べる。

ごはん→汁物→ごはんを食べた後、おかずを食べ、次にごはんを食べる。

おかず→おかずと続けて食べることはしない。

自分から見て、左がごはん、右に汁。中ほどに香の物、向こう側に肉や魚などの主菜、野菜の料理がくるように並べる。

器の蓋の扱いに注意
手皿はNG

器の蓋は、「開けたら裏返して置く」と勘違いしている人が多いようですが、正しくは「裏返さず、そのまま置く」です。

とくに重箱は漆塗りの器が多く、蓋に蒔絵が施された物もあります。それは、美しい器を用いることで、料理をさらにおいしく楽しんでいただきたいという、作り手のもてなしの心の表れです。

蓋を裏返せば、塗や蒔絵を傷つけかねず、作り手の配慮を無にすることになってしまいます。

ただし、お椀の蓋のように糸底がついている場合は、裏返して置きます。

勘違いといえば、箸を持っている手と反対の手を、受け皿のようにして食べるのは、間違った作法です。食べ物や汁がたれて手が汚れたら、その手はどうするのでしょう。

こぼれたり、汁がたれたりするような物は、器を持っていただきましょう。

なお、茶碗を持つときは、親指を茶碗の縁にかけ、残りの指で糸底を持つように。人差し指と中指、薬指と小指で糸底を挟むようにすると、安定します。

器が大きくて持ち上げられない場合には、小皿を使いましょう。小皿がない場合には、器の蓋を代用してもよいです。

蓋の取りかた

1. 右の器は、右手の親指と中指で蓋の糸底を挟み、人差し指は親指に、残りの指は中指に揃える。

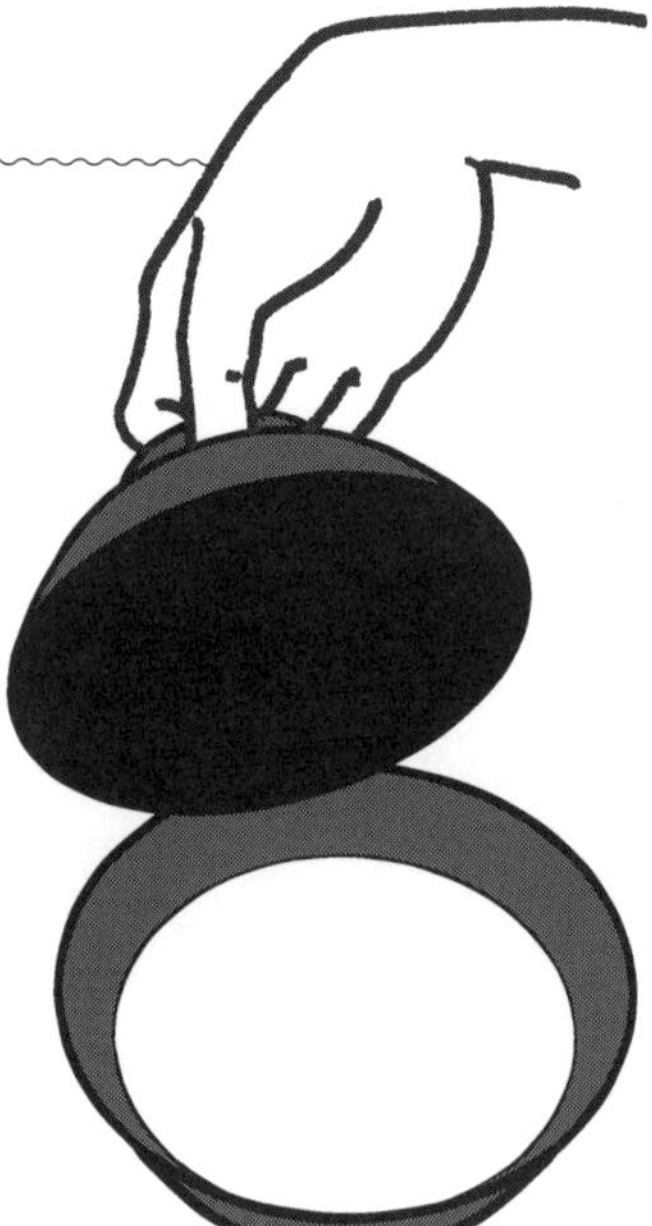

2. 手前から向こうに、蓋を仰向けに開けながら、ふちに沿ってまわす。

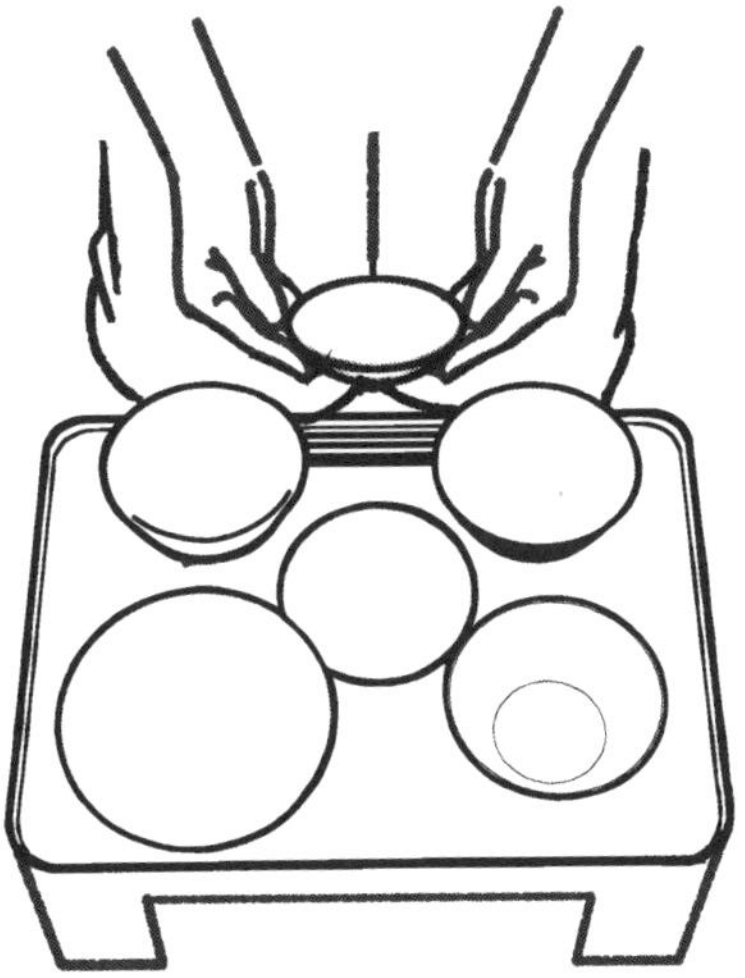

3. 左手を添えて蓋を上向きにし、持ち直す。

4. 上向きにした蓋を、下座側か、その器の近くの脇に置く。

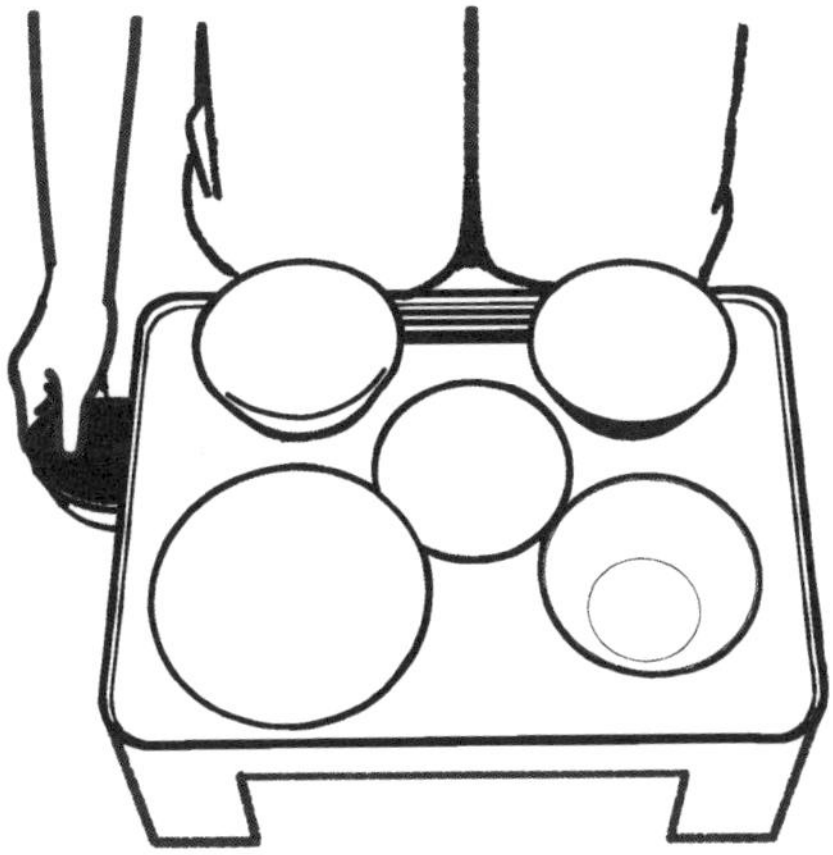

人格が問われる箸使い
日頃の心がけが大事

食べる所作が見苦しいと、人格まで疑われかねません。会食の機会が減り、食べる所作に無頓着になりがちですが、悪いくせというのは、いざというときに露呈しやすいものです。人が見て、「汚い」、「目ざわりだ」と感じるようなことをしないよう、日頃から心がけるようにしてください。

食べる所作の中でも、とくに気をつけたいのが、箸使いです。「箸先一寸」については先述したとおりですが、食べ始めるときに箸の先を汁で濡らすことも、たしなみのないこととされています。

食事中、話に興じて箸を振り回す人を見かけますが、もっとも不作法です。箸先についた汁が飛び散ったり、同席している人に当たったりしたら迷惑でしょう。

慎みたい箸使いには、たとえば口にたくさんの食べ物をぐいぐい押し込むようにして食べる「込み箸」、箸をおかずにつけて、食べようかどうか迷う「惑い箸」、下のほうに何が入っているのか、器に箸を入れて中を探る「探り箸」などがありますが、心当たりはないでしょうか。食べ物を箸に刺したり、箸で器を動かすのも、下品です。

不作法だと知らずにやってしまっている箸使いは、案外、多いものです。大げさなようですが、箸使い一つで人生が変わりかねないということを、肝に銘じましょう。

つつしみたい箸使い

膳越し：遠くにある料理を、器を手に取らずに直接、箸で取って口にすること。また、ほかの器の上を通ることも膳越しという。

箸なまり：箸を持ったまま、どの料理を食べようかテーブルの上をあちこち見回すこと。

諸おこし：箸と一緒に器を取り上げること。ごはん茶碗を手にしながら、ほかの料理を食べるのもNG。

ねぶり箸：食べものを口に入れるとき、箸先をなめるようにすること。

移り箸：おかずから別のおかずへ移ること。おかずの次には必ず、ごはんや汁を食べて味が混ざるのを避ける。

犬食い：テーブルに肘をつき、器のほうへ口を近づけて食べること。人が見て不快なだけでなく、姿勢が悪くなってい食べ物がスムーズに入っていかず、腹痛の原因にも。

作法のことば

進《しん》退《たい》中《ちゅう》度《ど》

小笠原流では、「進退中度」という言葉がよく使われます。「進むも退くも度《ど》に中《あた》る＝ほどほどに」という意味です。

「ほどほど」は、「そのあたり」とは違います。

「中」という文字には、読みがなからもわかるように、「当たる」という意味があります。流鏑馬や弓道などでも、すべての的に矢が当たることを「皆中」といいます。そして、「度」は、度合いのことです。

つまり、進退中度とは、いい度合いで当たること。すなわち、出すぎてもいけないし、遠慮しすぎてもいけないということです。

どのような物、ことにも「ちょうどよい」ところがある。そのことを、つねにわきまえて振る舞うように、という教えです。

たとえば、電車の長い座席に座るとき、家族や親しい友人となら互いの体が接していても気にしませんが、目上の方や見知らぬ人とは、そうはいかないでしょう。

どのようなことも、「時、所、相手」に合わせて、「ちょうどよい」ところを探していくことが大切なのです。

人間関係においても、進退中度を心がけたほうがいいでしょう。相手に近づきすぎず、距離を置きすぎることもない。そうした関係性を築ける人とは、一緒にいてもお互いに気分がよく、長くつき合っていけるはずです。

進退中度を心得るのに、日常動作や礼儀作法の稽古は大変役立ちます。

小笠原流礼法は、動作や作法ひとつひとつに「なぜ、こうするのか」という裏付けの理論を大切にしています。

稽古を重ねることで「なぜ、こうするのか」「なぜ、こうしてはいけないのか」という考え方ができるようになると、「こういう場合は、こうしたほうがいい」「こういうシチュエーションでは、このように振る舞ったほうがいい」という感覚を持てるようになります。

これは、社会生活にも応用できる考え方であり、ビジネスにおいてもコミュニケーションにおいても無駄に敵を作ることなく、自分の能力を十分発揮でき、人間関係もよい状態に保つことができるかと思います。

おわりに

様々な〝多様性〟が重視される現代です。多様性とは自由や自己中心的に物事を進めるということではありません。それぞれの組織などにおける最低限の規則があり、その上での多様性であると考えます。また、臨機応変は自分勝手にその場判断をすることではなく、基本となる規範があり、その上で状況により判断するということであると思います。多様性も臨機応変も、適切に行動しなければトラブルの原因となってしまいます。

どのような規範にもそれを作るに至った経緯や考えがあったはずです。これが規範の大本であり非常に重要な部分なのですが、規範を作ると、規範を守ることに終始し大本を忘れがちになってしまいます。常に、大本である考え方を忘れず、そしてその考え方を伝えていくことが大切です。小笠原家の教歌に『成り姿流れ流れに変わるとも奥意は同じ谷川の水』というのがあります。どのような川も上流にいけば一本の主流となります。様々な規範も大本を辿れば考え方は同じにいきつくということです。

常識や一般論というものは常に変わり続けます。その中において頑なに我を通すことは賢明ではなく、世の中の流れに沿わせていくということも大切です。しかしながら、自身のあるいは組織の規範を軸にして凛とした姿でいることも重要だと思います。まさに、中流砥柱《ちゅうりゅうのしちゅう》の姿をもちつつも、閑雅であることが大切です。

小笠原家28代清務は人の目指すべき姿として『剛健にして粗暴ならず威儀厳正の中に従容閑雅なるを要す』と記しました。力や権力というものを持ったとしてもそれをむやみにやたらに用いることをしてはならない。威儀を正しながらも堅物ではなく物腰が柔らかく優雅さを兼ねそろえることが大切だと説きました。これは江戸から明治になった時に書かれた文章ですが、今の時代にも適応できることではないかと思います。

では、自身の規範の軸とは何か。それは人としての最低限のルールを常に行うことだと考えます。当たり前のことを常に当たり前にするということです。自分自身の行動を大切にしているからこそ、相手の行動や思いに気が付き心遣いが出来てきます。その結果として他者を受け入れることができます。人それぞれの常識は異なりますが、その本質つまりは大本というのはおおよそ同じです。その大本に気が付き、共有することが真の意味での多様性の共存であると思います。

そして、自身の呼吸という絶対的な指標を持つことも大切であると思います。通常の呼吸は一般的には乱れませんが、緊張したり疲れたりした際には呼吸が乱れます。自分の通常の呼吸を知ることにより、自分の今の状況を理解し、呼吸を整えることで通常の状態にしていく、つまりは自分の絶対的な指標に戻していく、戻す場所をもつということが必要だと思います。

本書では、小笠原流の礼法の基本的な動作を紹介しました。この〝基本的〟という部分が重要です。つまり、本書で紹介したことが常に正しいということではありません。動作というものは、時・所・相手によって様々に変化し、対応していくものです。

基本的な動きを知り、大本となる考え方を理解することにより様々な規範に合わせる対応ができるようになってきます。基本があるからこそ応用ができるものです。このようなことは言われなくても分かっていると思うことも多かったかもしれませんが、分かっていることと出来ることは違います。

さらに、出来ることというのは意識せずに出来るのか、意識しないと出来ないのかにより大きく意味合いが異なります。意識せずとも出来る、つまり当たり前になっているということを目指したいものです。例えば、猫背の方が背筋を伸ばすようにすると始めはやりづらく、疲れたり、大変だと感じたりすると思います。

しかしながら、毎日少しずつ背筋を伸ばすということを繰り返していると段々と背筋を伸ばすということが当たり前になってきて、猫背をする方が苦しく感じてくるかと思います。玄関で靴をそろえる、帰宅したら手を洗うなどを習慣にする、つまり自分の中で当たり前にしていくのがよいのではないでしょうか。

靴を揃えたり手を洗ったりというのは簡単なことです。簡単なことでもいつも変わらずに行うということは大変なことです。行いやすいことから始めて、やれることを段々と増やしていけばよいのではないかと思います。小笠原家の伝書『修身論』に〝一事万事万事一事〟という言葉が記載されています。一つのことをしっかりと出来るようになるとそれは万事に通じ、そして万事もまた一事に通じるということを意味しています。

呼吸を整え、自らを律し、臨機応変に対応をすることで皆様の人生が充実した日々になる一助として本書が役立つことを願い、締めの挨拶とさせていただきます。

2020年12月

弓馬術礼法小笠原流　次期宗家　小笠原清基

小笠原清基

おがさわら・きよもと

●

弓馬術礼法小笠原流　次期宗家

1980年7月、31世宗家小笠原清忠の
長男として東京に生まれる。
3歳より稽古を始め、
5歳より小笠原流の諸行事に関わる。
小学5年生で鶴岡八幡宮の
流鏑馬神事において射手をつとめる。

大阪大学基礎工学部卒業後、
筑波大学大学院にて神経科学博士を取得し、
博士論文が研究科長賞に選ばれる。

「家業を生業としない」という家訓から、
現在製薬会社にて癌の治療薬の研究をおこないながら、
週末などを利用して流鏑馬をはじめとした
流儀の継承につとめている。

装丁●寄藤文平+古屋郁美（文平銀座）
イラスト●津久井直美
構成●鈴木裕子
DTP●山口良二

生《い》き抜《ぬ》くための小笠原流礼法《おがさわらりゅうれいほう》

心と体を強くする礼儀と作法

2020年2月10日　第1版第1刷発行

著者●小笠原清基《おがさわらきよもと》

発行人●宮下研一

発行所●株式会社方丈社
〒101-0051
東京都千代田区神田神保町1-32 星野ビル2階
tel.03-3518-2272 ／ fax.03-3518-2273
ホームページ https://hojosha.co.jp

印刷所●中央精版印刷株式会社

ISBN978-4-908925-72-6

方丈社の本

かしこい子どもに育つ礼儀と作法
よくわかる小笠原流礼法

弓馬術礼法小笠原流　次期宗家

小笠原清基　著

●

「なぜ正しい姿勢をしなくちゃいけないの?」
「なぜ人に挨拶しなくちゃいけないの?」
「なぜ箸をきちんと持たなくちゃいけないの?」。
お母さんが子どもに聞かれてこまるような礼儀の疑問から、
きちんとした挨拶のしかた、正しいごはんの食べ方まで、
室町時代から歴史の中で時代とともに培われてきた
小笠原流礼法の中から、なぜこの作法、礼法が
代々伝えられてきたのか、その由縁も含めて
「子ども時代に身につけてほしい礼儀、マナー」
を厳選して解説します。

A4判変形　136頁　定価:1,500円+税

ISBN:978-4-908925-54-2